U0795981

高水平优秀女排运动员的成长与培养

袁　芳　著

北京航空航天大学出版社

内容简介

本书对中国优秀女排运动员的成长与培养进行了分析，总结出了影响她们成才的七个主要因素，即竞赛、运动员智能、运动训练、社会条件、身体选材、德育结构、运动员管理，并从这七个方面分析、总结出了培养优秀女排运动员所需要的基础保障和条件。

本书的读者对象主要是排球的从业者和爱好者。本书能为教练指导训练和运动员训练提供指导和借鉴，也可使排球爱好者能更好地了解优秀排球运动员的成才过程。

图书在版编目(CIP)数据

高水平优秀女排运动员的成长与培养 / 袁芳著. --北京 ：北京航空航天大学出版社，2022.8

ISBN 978-7-5124-3721-0

Ⅰ. ①高… Ⅱ. ①袁… Ⅲ. ①女子项目－排球运动－人才培养－研究－中国 Ⅳ. ①G808.18

中国版本图书馆 CIP 数据核字(2022)第 006670 号

版权所有，侵权必究。

高水平优秀女排运动员的成长与培养

袁 芳 著

策划编辑 胡晓柏 责任编辑 张 凌

*

北京航空航天大学出版社出版发行

北京市海淀区学院路 37 号(邮编 100191) http://www.buaapress.com.cn

发行部电话:(010)82317024 传真:(010)82328026

读者信箱: bhpress@263.net 邮购电话:(010)82316936

北京建宏印刷有限公司印装 各地书店经销

*

开本:710×1 000 1/16 印张:8 字数:143 千字

2022 年 8 月第 1 版 2022 年 8 月第 1 次印刷

ISBN 978-7-5124-3721-0 定价:39.00 元

若本书有倒页、脱页、缺页等印装质量问题，请与本社发行部联系调换。联系电话:(010)82317024

前　　言

在现代社会，竞技体育发展水平的高低已成为国家和地区物质文明与精神文明发展水平的重要标志，如何培养优秀运动员已成为各国竞技体育发展的一项重要工作。优秀女排运动员是中国排球界的宝贵财富，对其成才过程进行多角度、深层次、整体性和系统性的研究，对中国今后培养优秀女排运动员具有指导意义，同时也能为其他竞技运动项目培养优秀运动员提供借鉴。

本书采用专家访谈法、问卷调查法和个案分析法，运用因子分析和假设检验的统计方法对高水平优秀女排运动员的成长与培养进行分析，总结影响她们成才的因子，并以郎平和周苏红两位中国女排最具代表性的运动员为个案进行研究。结果表明：影响高水平优秀女排运动员成才的主要因素共有7类，分别是竞赛因子、运动员智能因子、运动训练因子、社会条件因子、身体选材因子、德育结构因子、运动员管理因子。竞赛因子包括运动员比赛经验，运动员对比赛规律、时机的把握能力。高水平优秀女排运动员有丰富的比赛经验，对比赛的把握能力较强。运动员智能因子包括智力和知识能力。优秀的注意转移、分配能力和记忆力是其成才的重要智力保障，高中以上的文化水平和丰富的体育专业知识是其成才的知识保障。运动训练因子包括教练员因素、训练方法手段因素、训练条件因素。教练员对高水平优秀女排运动员的成长与培养作用较大。社会条件因子包括政治、经济、时代需求、体育制度。高水平优秀女排运动员的成才离不开当时的社会条件。身体选材因子包括身体形态、运动素质、生理机能。高水平优秀女排运动员的身体选材分别是身体形态、运动素质、生理机能。德育结构因子包括人际关系、体育道德品质、个性心理品质。高水平优秀女排运动员的人际关系、体育道德品质非常好，性格以理智意志型为主，对排球运动的兴趣和热爱程度也高。运动员管理因子包括运动员预测规划和流动调节，前者合理程度比较高，后者存在一定的不合理性。郎平的排球启蒙年龄晚，基础训练、提高训练与竞技保持阶段年限短，最佳竞技阶段取得的成绩很理想。郎平身体形态一般但弹跳力较好，丰富的比赛经验、对比赛的把握能力和女排精神的支持是她取得优异竞技成绩的保障，文化水平的提升是她执教水平和社会影响力的保证。周苏红的排球启蒙年龄早，基础训练和提高训练阶段年限较长是其最佳竞技阶段年限最长的保障。周苏红身体条件和灵敏性较好，丰富的运动经历与赛事经验以及面对困难不服输和顽强拼搏的精神是其取得竞技佳绩的关键。

作　　者

2022 年 5 月

目　录

第一章　研究依据

在现代社会里，竞技体育发展水平的高低已经成为国家和地区物质文明与精神文明发展水平的重要标志。然而，随着世界竞技体育的不断发展，对运动员的要求愈来愈高，培养一名世界级优秀运动员需要耗费大量的人力、物力和财力，各国都在想方设法借助多门学科的成果研究运动员的成长过程，以降低淘汰率、提高成才率。如何培养优秀运动员已成为各国竞技体育发展的一项重要工作。

排球运动已经在世界范围内蓬勃开展，无论是六人排球还是沙滩排球都展现出了勃勃生机。追溯起源，排球是 1895 年由美国马萨诸塞州的霍利沃克城基督教青年干事威廉·摩根发明的。他感觉当时已经流行起来的篮球运动比较适合年轻人，对于年龄大些的人来说则过于激烈，因此就想选择一种较为和缓、活动量适当的运动方法来满足他们的需要。排球运动的场地设备比较简单、比赛形式多样且易于接受，这使得排球深受各阶层人们的喜爱，逐渐向全世界发展。经过 100 多年的传播和发展，排球已经由过去简单的游戏变成竞技项目，并且其中渗透着训练学、教育学、生物学、医学等各种学科知识。排球运动正逐步由单纯的竞技运动发展成为展示人的本质力量、促进社会经济发展和提高人类文明进步的一种社会文化现象。目前，排球已经成为世界上大众参与程度最高的运动项目之一。如今，国际排联的会员中已经有 217 个国家协会，超过了任何其他国际单项体育协会。据保守统计，全世界有超过 5 亿人在参加不同水平、不同层次的排球运动。随着其运动形式的不断分化和繁衍，使其更加迎合了终身体育理念，场地条件更加灵活多样，参与人群更加广泛。同时，为了提高观众的兴趣和排球项目本身的发展，排球规则也在逐步发生演变。毫无疑问，接下来的 100 年将见证这场正在进行的演变，但是排球作为世界上最受欢迎、最令人激动的体育项目之一的这一地位，将不会发生改变[①]。

1905 年排球运动传入中国，经过几十年的发展，到 20 世纪 80 年代，中国排球运

① 排球精品课程团队. 排球[M]. 北京：北京体育大学出版社，2009.

动达到鼎盛时期。在 1981 年到 1986 年期间，中国女排夺得世界冠军，并且连续五年保持着这个荣誉，创下了中国女子排球历史上首个“五连冠”的佳绩。不仅实现了中国排球“冲出亚洲，走向世界”的愿望，大大振奋了中华民族精神，而且开创了现代排球的新纪元。2003 年中国女排再次问鼎世界杯，夺得阔别 17 年的世界冠军；2004 年奥运会上，中国女排在雅典艰难捧回金牌。2010 年对中国女排来说是痛定思痛的一年——在世锦赛上取得了令国人难以接受的第 10 名创历史性罕见大溃败的第二差的战绩，历史最差要追溯到 1974 年世锦赛的第 14 名，因而这是中国女排 36 年中的最差战绩。对于这支曾经成就女排历史上首个“五连冠”的荣誉之师，世锦赛第 10 名的成绩显然让人痛心。中国女排陷入低谷有很多原因——女排队员正处于新老交替的非常时期，但归根结底还是因为人才储备不足，在这种情况下，优秀排球运动员的成长和培养就显得尤为重要。所以，研究高水平优秀女排运动员的成长环境和成长特征等，对于中国优秀女排运动员的培养和中国排球的发展具有十分重要的意义。但目前，中国关于优秀女排运动员成长与培养的研究存在一定的局限性，有待进一步深化。

1.1 竞技排球迅猛发展，人才成长与培养的理论研究滞后于技术

21 世纪的竞争，实质是人才的竞争。当今体坛竞争加剧，其核心是优秀运动员的竞争。竞技体育已成为现代训练学、教育学、社会学、生物学、医学、经济管理学、哲学等多学科知识相互交叉渗透的活动，现今各国也都在研究如何培养优秀运动员。

优秀排球运动员是竞技排球运动竞争的主体，是排球运动发展中最核心、最有价值的因素。在中国排球运动一百多年的发展史中，优秀排球运动员的不断涌现是排球运动发展的基础，也是排球运动发展的动力。但是，目前从多学科综合进行的对高水平优秀女排运动员成长与培养的研究较少，理论研究的缺乏制约着中国竞技排球的可持续发展。因而，这势必会使得中国排球在实际工作中由于缺乏科学的理论指导，而在排球运动员的选材、后备人才的培养等方面滞后于排球运动的发展，阻碍中国排球改革的进一步深化。

1.2 人才研究视角不全面，研究不足

通过查阅与高水平优秀女排运动员的“成长”与“培养”相关的文献发现，对于高水平优秀女排运动员成长与培养方面的研究过于片面，缺乏从整体角度全面研究高水平优秀女排运动员成长与培养的理论。这说明中国排球的科学研究中存在着研究内容的不均衡性。为了促进中国排球运动水平的提高，为了使中国女排不出现后继乏人的局面，对高水平优秀女排运动员成长与培养的系统研究便具有迫切的必要性和重要性。

1.3 优秀排球运动员可以促进中国排球市场的繁荣和发展

为了重新振奋排球精神，1995 年以赛制改革为先导，迈出了排球改革的步伐，赛制的改革使队伍充满了活力，技战术水平有了较大的进步。自 1996 年全国排球联赛开始，中国的排球运动逐渐步入市场化、职业化和商业化，并随之发生了一系列变化。

为了推进中国排球运动的市场化，必然要促进与排球相关的消费。排球运动作为一种体育产业，同其他体育产业的发展一样，没有消费就没有市场，只有人们愿意在排球上消费，才能使排球作为一种产业得到发展。所以，在培育与开发体育市场时，首先要引导人们参与并培养人们对排球的兴趣和爱好，使人们最终喜欢上这项运动。在体育产业中，在培养人们的兴趣上，球星的作用显得非常重要。人们常常是因为喜欢某个球星，而去喜欢某项运动，喜欢球星所在的球队，并愿意为这项运动进行消费。美国职业篮球联赛之所以运作得如此成功，与涌现出的大量优秀球员和观众的喜爱是分不开的。

全国排球联赛已经在中国开展了十余年，但是受关注的程度还不是很高。笔者曾观看过国内的联赛，除了场馆工作人员和保安外，看比赛的观众屈指可数。暂且不说国内联赛的水平如何、比赛的激烈程度如何，缺少明星级优秀运动员是一个重要原因。笔者留意了一下广东恒大的国内联赛的观众观看情况，每当广东恒大有比赛时，观众人数都要比其他场次多出好几倍，这与广东恒大中拥有郎平、冯坤等优秀运动员是分不开的。所以，培养明星级优秀排球运动员是当今联赛的重要任务之一。可见，要想加快中国排球运动的职业化进程、推动排球市场的繁荣，必须培养一

批优秀的运动员，通过“球星效应”来提高公众对排球的关注度，吸引更多的人参与和喜爱排球运动。所以，优秀排球运动员的成长和培养就显得尤为重要。

1.4 培养优秀女排运动员，增强女排后备力量

排球运动是中国三大球重点发展项目之一，国家有关部门一直对中国排球运动的发展给予高度重视，特别是中国女排的发展和提高，受到了全国上下的密切关注。自 20 世纪 80 年代中国女排成就世界女排历史上首个“五连冠”的佳绩后，中国女排就成为当时中国人的模范和骄傲，更成为中国在 20 世纪 80 年代腾飞的象征。这一时期，涌现出郎平、张蓉芳、陈招娣、侯玉珠等一大批优秀运动员，她们在袁伟民教练的带领下，在坚持当时指导思想的基础上创造了历史，即在技术全面的基础上，发扬各队员的特长，向全攻全守的方向发展；坚持快速，发展高度；狠抓扣、拦、发三项得分技术，力争网上优势；以全面、快速、高度、灵活、准确的打法，争取主动，夺取胜利。随后，中国女排陷入了低迷状态，1986 年以来，中国优秀排球运动员人数急剧下降，至 1999 年排球运动员人数仅为 1985 年的 40.55%，与人数最多的 1979 年相比则下降了 76%。1986 年以来，中国优秀排球运动员人数变化表现出两个阶段性的特点，1986—1993 年为急速下降期，1994 年以来为基本稳定期，但是这种稳定是一种低水平的稳定①——直到 2003 年才又一次登上了世界冠军的宝座，在 2004 年的雅典奥运会上再次问鼎，并在 2008 年北京奥运会上取得了季军。这一时期涌现出了冯坤、杨昊、赵蕊蕊、周苏红等“黄金一代”优秀队员。可见，运动成绩的取得和优秀运动员的涌现是分不开的，也可以说是密不可分的。

优秀排球运动员的成长特征只能从优秀排球运动员的成长过程中去寻找。在中国女子排球界涌现出来的优秀排球运动员，是中国排球界的宝贵财富，为中国排球事业的发展做出了不可磨灭的贡献。她们是如何成长起来的？哪些因素影响了她们的成长？本研究以“成长”与“培养”为切入点，对高水平优秀女排运动员的成长和培养过程进行多角度、深层次、整体性和系统性的研究。分析影响高水平优秀女排运动员成才的因素不仅对中国今后培养优秀女排运动员和增强女排后备力量具有较大的实践指导意义，还可以使培养过程更加科学合理。

① 吴澄清. 中国排球优秀运动队 15 年动态发展状况研究[J]. 体育与科学，2002，23(5)：36-38.

第二章　文献综述

2.1　相关概念的界定

高水平优秀女排运动员:为研究需要,笔者把高水平优秀女排运动员界定为代表国家参加过洲际以上或世界级比赛的中国国家女排运动员。

1981—2008 年,中国女排共有 94 名选手参加了世界杯、世界锦标赛、奥运会三大赛事。世界锦标赛:由世界排球联合会主办的国际排球比赛,是排球最早的、规模最大的世界性比赛,每四年举行一届。冠军获得者可直接参加下届奥运会。世界杯赛:这项赛事的前身是“三大洲”排球赛,即亚、欧、美三大洲排球赛。1964 年国际排联将其更名为“世界杯”排球赛,并决定于 1965 年 9 月在波兰举行首届世界杯男子排球赛,1973 年在乌拉圭举办了第一届世界杯女子排球赛。世界杯是由全球高水平的男、女球队参加的国际性的排球比赛。获得前三名的队伍则有资格进入奥运会。奥运会排球赛:从 1964 年起,排球运动第一次被列为奥运会的比赛项目。奥运会是世界上最高水平的比赛,每四年举行一次。有资格参加的队是:各洲的冠军队、主办国的代表队、上一届世界排球锦标赛的前三名,还有由国际排联直接管辖的预选赛产生的三支球队,共 12 支①。

成长:《辞海》(1999)对成长有两种解释,即①长到成熟阶段;②向成熟阶段发展。《现代汉语词典》(2002)对成长的解释:向成熟的阶段发展;生长。参照上述解释,结合体育学科的特点,考虑运动训练的特征,兼顾体育界的普遍认识,本研究将“成长”界定为:运动员走向技战术成熟的阶段。

培养:《辞海》(1999)对培养也有两种解释,即①以适宜的条件促使其发生、成长和繁殖;②培育。《现代汉语词典》(2002)对培养的解释:按照一定的目的长期地教

---

① 虞重干. 排球运动[M]. 北京:人民教育出版社,1999.

育和训练；使成长。参照上述解释，结合体育学科的特点，考虑运动训练的特征，兼顾体育界的普遍认识，本研究将“培养”界定为：按照一定的目的，给予适宜的条件，长期对运动员进行教育和训练，使其成才。

2.2 国内外研究现状

优秀运动员的成长处在一定的开放系统之中，受到多种因素的影响，既有内部的生理因素、心理因素影响，又受到外部各种社会因素的影响。各种因素之间又相互影响，因此具有一定的偶然性，恩格斯曾说过：“表面是偶然性在起作用的地方，这种偶然性始终是内部的隐藏着的规律支配的，而问题只是在于发现这些规律。”[①]优秀运动员的成长过程有很多共同特征，有着一定的规律可循。袁伟民在全国体委主任会议上讲道：“一个项目要保持水平不断提高，必须遵循项目自身的发展规律和人才成长规律。”[②]因此，研究影响优秀运动员成才的因素，有利于发现人才、选拔人才、培养人才和使用人才。

2.2.1 影响优秀运动员成长与培养因素的训练学研究

2.2.1.1 选材对优秀运动员成长与培养的影响

优秀运动员的培养是一个复杂的系统工程，其中科学的选材是优秀运动员培养的关键。

隗金水在《运动员选材的选育结合理论实证研究》中将运动员选材重新定义为：运动员选材是与育材密切结合的选拔青少年儿童运动人才的动态过程。[③] 它不仅要求结合育材情况进行选材预测，还要对在育材中获得数据的过程进行细致的考察，而不是教条地、静态地看待在育材中获得的数据。

房永华通过刘翔成功的例子指出培养的第一项重要工作就是选材[④]，世界运动技术水平及其发展趋势使国内外不少运动训练专家充分认识到：只有那些具有运动

---

① 中共中央马克思恩格斯列宁斯大林著作编译局. 马克思恩格斯选集：第 2 卷[M]. 北京：人民出版社，1995.

② 国家体委政策法规司. 体育改革文件选(1992－1995)[M]北京：北京体育大学出版社，1995：106-107.

③ 隗金水. 运动员选材的选育结合理论实证研究[D]. 北京：北京体育大学，2003.

④ 房永华. 刘翔成功对中国竞技田径运动发展的启示[D]. 北京：首都体育学院，2009.

天赋的人才能取得比赛的胜利，而要选拔出真正具备发展潜力的运动员是需要独到的眼力和经验的。运动员的竞技能力包括先天遗传性竞技能力和后天训练获得的竞技能力两部分。科学的选材选出了具有优越的先天性遗传能力的可造之才，选材成功地为训练准备了重要的前提条件[①]。根据运动项目的特点，选材可以从以下三方面展开：身体形态、身体机能、运动素质。

在《运动训练学》(2000)[①]中，身体形态是指人体外部与内部的形态特征，它在一定程度上反映着相应的生长发育水平、机能水平、竞技能力水平以及运动素质的发展；并对不同项群运动员的身体形态特征进行了总结。总结表明，排球(属技能主导类隔网对抗性项群)运动员的身体形态特征为“身材高、四肢较长而坐高相对较短、皮质层薄、体脂肪量小、去脂体重及体质密度大，臂长、上肢围松紧差大、手较宽，骨盆相对较窄，小腿长、踝围细、跟腱长、足宽而不长”。浦钧宗等(1989)在《优秀运动员机能评定手册》中，也将排球运动员的身体形态要求归结为：身材高而不粗，上肢较长而躯干相对较短；前臂长，上臂相对较短，上臂围松紧差大，手掌较宽；臀薄、骨盆相对较窄，小腿长、踝围细、大腿相对较短，足掌宽；体脂少，去脂体重和体密度大[②]。宋卫平(2002)对中国优秀男排运动员进行身体形态评定时，采用的指标有身高、体重、体脂百分比、胸围、臀围、大腿围、上臂围、前臂围[③]。

在《运动训练学》(2000)中，身体机能是指各机体各器官系统的功能等几个方面。[①]谢燕群(1990)针对排球运动员的选材，强调排球运动所需的身体素质，必须依据排球运动的特点，在优先选择身高的基础上，要特别注意弹跳力、反应速度、挥臂速度及移动速度等能力。[④] 其测试内容包括垒球掷远、左右移动 3 米×5 次往返、30 米跑、助跑摸高、立定跳远、原地纵跳、9 米×3 次往返。石丹青、李玉华(2003)在《青少年排球运动员科学选材的探讨》中总结出[⑤]：①现代排球运动员选材的标准是：体能好、反应灵敏、体格均匀、体型协调轻健、速度快、弹跳力好、身体高、心理素质好、智力水平高。②科学选材是保持球队长盛不衰的有利保证，采用科学选材的方法和手段对少年排球运动员进行合理的选材是各级运动队整体工作的重要环节，对全面

---

① 田麦久. 运动训练学[M]. 北京：人民体育出版社，2000.

② 浦钧宗，高崇玄，冯炜权. 优秀运动员机能评定手册[M]. 北京：人民体育出版社，1989.

③ 宋卫平，等. 国家男排运动员身体功能检查报告(1999-2002)[C]. 北京：国家体育总局运动医学研究所体育医院，2002.

④ 谢燕群. 运动员选材学[M]. 成都：四川教育出版社，1990.

⑤ 石丹青，李玉华. 青少年排球运动员科学选材的探讨[J]. 体育科技，2003，24(1)：23-26.

提高各级排球运动水平将起着重要的推动作用。

综上所述，运动员选材对于优秀运动员的成长与培养极其重要，同时又具有专业性和复杂性，做好运动员选材工作是培养优秀运动员的前提。

2.2.1.2 训练对优秀运动员成长与培养的影响

《运动训练学》将运动训练定义为：竞技体育活动的重要组成部分，是为提高运动员的竞技能力和运动成绩，在教练员的指导下，专门组织的有计划的体育活动①。曹景伟认为，运动训练是随着竞技运动的兴起而逐渐产生，并随着竞技运动实践的发展而不断深化的以运动员为主体，以在运动竞赛中取胜为最终目标，以不断提高或保持运动员专项最高成绩为其目标实现手段的一种多学科综合介入、多系统协同运转的探索性实践活动。②

随着世界竞技体育运动水平的飞速发展，运动员竞技运动水平的高低不仅取决于意志、技术和身体训练水平，而且还联系着人类的政治、经济、科学、文化等活动，联系着裁判员和对手的行为，联系着场地、器材、设备、气象、地理及观众等因素，是人类社会诸多因素参与作用下产生的社会产物，其构成是一个具有整体性特征的系统③。

竞技体育教练员是竞技体育环链结构中重要的一环，教练员的文化结构、对所从事专项的理解认知程度、执教经历、执教水平，以及敬业精神等综合能力对竞技体育总体实力的发展起着决定性的作用④。国家体育总局体育研究所研究员张忠秋⑤在其研究中指出，要想在世界体坛上占据优势，就该重视对教练员人力资源的开发⑤。

邱焕芬在《现代竞技体育教练员应具备的素质》(2002)⑥一文中指出：现代竞技体育中起主导作用的教练员不应当是单一项目的竞技者，而应当是一个综合多学科知识、技能的复合型人才⑥。文中还提出现代竞技体育教练员应具备敬业精神、组织

---

① 田麦久．运动训练学[M]．北京：人民体育出版社，2000.

② 曹景伟．“运动训练”定义及特点的理论探疑[J]．山东聊城师范学院学报，1998(6)：33.

③ 闫洁．论加强竞技运动训练整体性研究的重要性[J]．首都体育学院学报，2004，16(4)：101-102，125.

④ 王守恒，徐向军，王文生，等．北京市竞技体育教练员现状与发展战略的研究[J]．首都体育学院学报，2004，16(3)：91-94.

⑤ 张忠秋，石磊，朱学雷，等．对中国高水平运动员实施奖励状况探讨[J]．体育科学，1999，19(3)：1-5.

⑥ 邱焕芬．现代竞技体育教练员应具备的素质[J]．中国体育教练员，2002(1)：40-41.

管理能力、专业知识与技术、创新与超前意识、科学研究能力以及掌握信息的能力等素质。

排球运动作为竞技体育中主要的运动项目之一，其教练员是一支排球队伍的组织者和领导者，在训练和比赛过程中起着主导作用。教练员的素质、教学及训练水平，直接关系到运动成绩的提高和体育人才的培养[①]。连瑞华、黄双喜、连道明在《论优秀排球运动教练员应具备的素质与能力》(2006)一文中指出：优秀的排球教练员应具备的素质包括：思想品德素质，广博的理论知识，精深的专业技能与丰富的经验，刚毅、沉着的个性。[②] 具备的能力包括：独具慧眼的选材能力，卓越的组织与实施训练的能力，高超的比赛指挥能力，强烈的科研意识和能力，创新能力，球队的教育与管理能力。

同时，有关学者也提出了在现代训练中，教练员所存在的不足。房雪在《影响中国青少年竞技体育后备力量的主要因素分析》(2005)一文中指出：长期以来，“优秀运动员＝优秀教练员”的公式为中国竞技体育界所认同接受并习以为常，从而导致了多年来竞技队伍“近亲繁殖”问题得不到遏制。[③] 当前中国的绝大部分教练员基本上都是由优秀运动员选拔且未经专门教育培训便上岗执教的。事实上，丰富的运动实践只能是她们成为优秀教练员的前提条件，而丰富的专业训练理论与先进的科学知识才是她们在训练中取得成效的关键。徐持在《江苏省竞技排球教练员队伍现状分析与对策研究》(2003)中谈到：我省竞技排球教练员大部分年纪较轻且具有一定的执教经验，成才期也较早，但在科研方面比较薄弱，理论与实践结合不紧，知识体系不够系统与完善。[①]建议要加强教练员技术等级、培训、考核、进修和管理使用等教练员制度的建设。

运动训练实践告诉我们，一个国家的体育要在世界争雄，仅仅依靠运动员的天赋条件和苦练是远远不够的，还必须有一批高水平的教练员的出色工作。提高教练员的能力、完善教练员的相关制度，也是提高竞技体育的一个重要方面。

---

① 徐持.江苏省竞技排球教练员队伍现状分析与对策研究[J].南通航运职业技术学院学报，2003，2(3)：9-11.

② 连瑞华，黄双喜，连道明.论优秀排球运动教练员应具备的素质与能力[J].体育科学研究，2006，10(4)：52-55.

③ 房雪.影响中国青少年竞技体育后备力量的主要因素分析[J].首都体育学院学报，2005.17(4)：49-61.

优秀运动员的成长离不开科学的训练方法和手段。曲淑华认为，科学化训练就是参与训练的人员尊重训练的客观规律，系统地、精确地、严格地从事训练活动。科学化训练的核心是质量和效益，即付出最小的代价，而获得最大的效益的运动训练。科学化训练既是一种理念，也是一种方法。[①]

在影响科学化训练的有关因素分析中，汪现义认为主要有两种因素：人和物[②]。人的因素主要包括运动员、教练员和科研人员等；物的因素包括新的科学训练理论的产生、相关学科的发展和促进科学技术的发展。他还提出实施科学训练的建议：充分利用现有科学技术；重视教练员的作用；认识和把握运动项目的性质和特征；综合考虑影响运动训练的多种因素；把握高水平科学训练与研究的发展趋势；尊重和借鉴传统运动训练中积累的经验；做到以人为本。

田麦久教授总结了不同运动项目优秀运动员多年训练过程中的年龄特征，把运动员的多年训练过程分为基础训练阶段、专项提高阶段、最佳竞技阶段以及竞技保持阶段。[③] 彭杰(1992)通过对高水平优秀女排运动员成才过程中年龄特征的研究，对优秀女排运动员成长与培养过程提出一些建议[④]：①13 岁是女排运动员进行专门训练最适宜的年龄，在此之前可参加各项体育运动或业余训练。教练员的工作重点应放在选材和基础训练上。②高水平优秀女排运动员在 13～25 岁年龄阶段，七项身体素质随年龄增长而增长。在 19～25 岁年龄阶段稳定在较高水平。③进行系统训练的第四、五年，是高水平优秀女排运动员各项技术和专位所需的全面技术掌握与运用的敏感期，是能否成才成器的关键期。技术特点的形成是运动员和教练员在认识排球运动规律的基础上共同塑造的结果。个别训练、赛练结合的训练安排，对运动员技术特点的形成起着重要作用。④受人体生长发育一般规律及排球运动项目特点与特定要求制约，高水平优秀女排运动员竞技能力高峰期稳定在 21～25 岁之间，这一阶段是高水平优秀女排运动员的“最佳年龄区”。⑤高水平优秀女排运动员在“最佳年龄区”前两年，已经达到了一定水平，开始有能力担任一线队的主力、半主力。同样，张志杰在《青少年女排运动员成才若干问题探析》(2004)中指出[⑤]，明确少年训练的阶段、地位和任务以及确保青少年运动员训练年限和训练时效是青少年女

---

① 曲淑华.中国青少年田径运动训练研究[D].北京：北京体育大学，2006.

② 汪现义，林建.影响运动训练科学性的有关因素浅析[J].沿海企业与科技，2010(4)：46-48.

③ 田麦久，武福全.运动训练科学化探索[M].北京：人民体育出版社，1988.

④ 彭杰.对中国优秀女排运动员成才过程中年龄特征的研究[J].上海体育学院学报，1993，17(4)：17-25.

⑤ 张志杰.青少年女排运动员成才若干问题探析[J].少年体育训练，2004(4)：6-7.

排运动员成才的关键。

孙正卫(1985)调查分析了历届上海男排一队的73名运动员的年龄特征，结果发现上海男排运动员竞技运动能力高峰稳定在22.5～26岁，最佳年龄区具有客观稳定性，不存在“开始训练越早，高峰期越早，训练年限越长的现象”。[①]

综上可知，优秀运动员成才是一个长期的系统过程，运动员的竞技能力来自于遗传效应、生活效应及训练效应多元的途径。其中，训练效应是运动员获得竞技能力最重要、最有效的途径。只有通过长期、系统、科学的训练，运动员的竞技能力才能达到较高的水平，才能在复杂多变的比赛中表现优异。

环境变化对运动技能的发展有着一定的影响。Rutter(1997)认为基因影响行为的发生是由于在不同的环境变化中个体感知能力的不同。[②] 通过查阅文献发现，有不少学者和专家从不同角度研究了训练环境对优秀运动员成长的影响。

闫万军等人在研究中将环境分为家庭环境、社会环境和自然环境，研究其对运动员技能的影响，并且总结出：环境条件的限制对运动技能的发展有着促进或妨碍的作用；家庭的鼓舞和支持、先进的器材设备、优秀教练的指导等为运动员的成功创造了条件；良好的家庭经济状况为运动员的成功提供动力，使系统训练向着获得优秀运动水平的目标发展。[③]

姜伟平在研究训练环境因素的影响中，将训练环境分为榜样的力量、家庭的支持、训练的气氛，并且总结出：运动员的训练环境较好，有一个成绩优异的运动员作为榜样，能获得家庭的大力支持，能形成一个团结奋进、积极进取的训练团队，对于运动员创造优异成绩都能起到稳定和推进的作用。[④] 蒋叶飞等人在《中国高水平击剑运动员成才规律分析》中指出，家庭背景、居住和学习环境、成为专业运动员后的竞技能力对高水平击剑运动员从事击剑运动起着非常重要的作用。[⑤] 年龄、性别、社会阶层、教育、地理位置、家庭背景等个人的全部背景特点，都参与到运动员职业的选择并影响到个人最终的成果。高水平击剑运动员初始从事击剑训练的主要原因

---

① 孙正卫.对上海男排队员年龄、训练年限规律的研究[J].上海体育学院学报，1985(3)：7-12.

② Rutter, M L. Nature-nurture Integration: The Example of Anti-social Behavior[J]. American Psychologist, 1997, 52(4): 390-398.

③ 闫万军，赵斌，魏明东.运动技能的决定因素：遗传、系统训练与环境[J].广州体育学院学报，2007，27(1)：39-43.

④ 姜伟平.湖南省优秀田径跳跃运动员特点及成才因素分析：以跳远、三级跳远为例[D].长沙：湖南师范大学，2009.

⑤ 蒋叶飞，吴黎.中国高水平击剑运动员成才规律分析[J].体育科技文献通报，2009，17(6)：26-28.

首先是选手所在学校的教师推荐或教练来学校招生，其次是本人对击剑的兴趣和爱好、因父母的影响而通过学校以外的途径从事击剑运动。可见，训练环境包括家庭、社会、器材等多方面，研究其对运动员成长的影响，更有利于我们帮助运动员成才。

2.2.1.3 竞赛对优秀运动员成长与培养的影响

《运动训练学》将运动竞赛定义为：运动竞赛是在裁判员主持下，按统一的规则要求，组织与实施的运动员个体或运动队之间的竞技较量，是竞技体育与社会发生关联，并作用于社会的媒介。[①]

运动竞赛对优秀运动员成长与培养的影响，表现为运动员参加比赛的场次数量、比赛经验、把握比赛规律的能力、把握比赛机遇的能力，综合表现为比赛能力。刘建和、高怀胜提出，运动员的比赛能力是一种综合能力，它至少由三个方面的能力组合而成：认识性能力、基础性能力、适应与调整性能力。[②] 认识性能力指运动员深入把握比赛规律的能力；基础性能力指运动员已具备的竞技能力，也可称之为运动员的“综合实力”；适应与调整性能力指运动员稳定发挥的保障性能力，它包括：快速适应比赛环境的能力、应对复杂比赛局面的能力、适时调整竞技状态的能力、创造性能力（指运动员即兴发挥的能力）。

学者王保成于 1994 年提出了田径运动员的比赛能力的概念，并界定其为“运动员在正规田径比赛中，表现最高专项成绩或战胜对手的能力。[③] 它由运动员的训练水平、竞技状态和比赛中的自我控制能力、应变适应能力、机能动员能力、良好的心理状态与技战术正确选择和运用能力等因素构成”。

关于刘翔成功的案例，房永华得出：刘翔从事跨栏训练时间不长，但运动成绩增长很快，应该说是系统的科学训练，加上不断地有国内外大赛的锤炼和超强刺激，加快了其成长历程。[④] 罗超毅指出：“以赛代练”是刘翔的成功给我们带来的重要启示之一，就是要正确处理好训练与比赛的关系，把比赛当做增加训练强度的重要手段和方法，通过比赛来查找问题，通过比赛来提高训练强度和水平。[⑤]

如何提高运动员的比赛能力，不仅是教练员最为关心的问题之一，也是运动竞

---

① 田麦久．运动训练学[M]．北京：人民体育出版社，2000．

② 刘建和，高怀胜．简论运动员的比赛能力[J]．成都体育学院学报，2007，33(3)：56-59．

③ 王保成．田径运动员比赛能力培养[J]．田径，2001(10)：24-25．

④ 房永华．刘翔成功对中国竞技田径运动发展的启示[D]．北京：首都体育学院，2009．

⑤ 罗超毅．田径训练观念创新：关于训练量与训练强度的讨论[J]．武汉体育学院学报，2007，41 (2)：1-5．

赛学最为关注的研究领域。冯树勇指出，当今竞技体育的竞争日趋激烈和白热化，比赛场上所体现的已不仅仅是技术、战术和体能上的较量，还包括思想作风、意志品质、心理素质及赛场经验在内的综合能力的全面较量。[①] 而这些能力，只有不断地在实践中去积累，在比赛场这个真枪实弹的特定环境中去磨练，特别是在与强手的激烈对抗中才能获得真实的感知，才能得到全面的锻炼与提高。2001 年，王保成进一步指出，田径运动员的比赛能力"取决于运动员的体能、技能、智能和心理因素"[②]。

国家体育总局刘鹏局长在备战 2008 年奥运会暨 2005 年冬训动员大会上的讲话中指出："我们有一些运动队和运动员的比赛水平低于平时的训练水平，大赛水平低于一般比赛水平，奥运会比赛水平低于世界杯或世锦赛水平。"杨桦认为，这种现象除了技战术和体能等方面的原因外，运动员的作风、心理和临场应变能力等水平不高，也影响和制约了其参赛水平的提高。[③]

综上所述，排球作为隔网对抗性项目，局面千变万化，这就更需要运动员拥有丰富的比赛经验、临场发挥能力和把握比赛规律的能力等。一名优秀排球运动员的成长不仅需要平时的刻苦训练，更需要运动竞赛带来的经验积累。因此，运动竞赛是影响排球运动员成才的一个重要因素。

2.2.2 影响优秀运动员成长与培养因素的社会学研究

2.2.2.1 影响优秀运动员成长与培养的社会条件

任何人的生活都离不开社会，人的生长发育和成才过程无不受到社会的影响和制约。社会条件主要包括社会的经济基础、社会的科技和文化水平，以及社会的政治背景等[④]。

体育的发展离不开社会的经济基础，体育事业的发展规模和速度受社会经济、教育、科技发展水平等方面的制约。作为体育事业重要组成部分的竞技体育，其发展水平的高低直接取决于国家、社会为其提供的经济条件。运动员是竞技体育发展的主体和核心要素，其成长直接受国家经济发展水平的影响，雄厚的经济基础可为

① 冯树勇. 刘翔带给我们的启示[J]. 田径，2003(9)：1-6.
② 王保成. 田径运动员比赛能力培养[J]. 田径，2001(10)：24-25.
③ 杨桦. 竞技体育与奥运备战重要问题的研究[M]. 北京：北京体育大学出版社，2006.
④ 赵桂银，王正欧. 体育人才学[M]. 北京：人民体育出版社，1993.

运动员的发展提供足够的经费。教育水平同样制约着运动员的成长,受教育水平越高,运动员对专业的认识和理解越深刻,内在的动力越大,更有利于其专业水平的提高,对运动员的成才越有利。刘俊凯在其《中国优秀篮球运动员成才规律的初步研究》中得出:随着大量的科学技术广泛在体育领域的应用,为运动员的成长创造了条件,能够认识、掌握、驾驭这些条件,就更能够加速运动员的成才。① 美国等一些世界篮球强国的发展都证明了这一点。

陈兰波在研究中国优秀篮球运动员成长与培养时同样发现:优秀运动员是在一定的经济、政治、文化等客观条件下成长与成才的,中国开明的社会主义民主制度、不断增强的综合国力、安定的社会秩序、人民群众对体育的喜爱以及政府对体育事业的大力支持和投入,都为优秀篮球运动员的成长提供了良好的大环境和历史机遇。②

张在宁、谭长青在《影响少年体操运动员成才的非训练因素》(1999)中指出,环境因素、社会因素、经济因素对少年体操运动员成才的影响是全面、持久的,是不可忽视的重要因素,必须在理论和训练实践中加强对它们的研究,不断地改善、消除其中的不利因素对少年体操运动训练的影响,促进少年体操运动员健康成才。③

中国女排从 1976 年开始重组后,在短短的四年内取得从 1981—1986 年"五连冠"的辉煌成绩,但在 1988 年汉城奥运会失利,1992 年巴塞罗那奥运会和 1994 年世界锦标赛遭遇惨败。1995 年,郎平回归并带领中国女排在 1995—1998 年重新冲出谷底。1999 年,国际排联在开始实行"自由人"规则后,1999—2000 年女排再次滑落到了第 5 名,2001 年以新人为主的新一届中国女排,在 2003 年世界杯上夺回了阔别 17 年之久的冠军奖杯,2004 年再次夺冠。2005—2006 年,女排成绩不容乐观,在 2006 年的世界锦标赛上,靠微弱的优势和运气获得了第 5 名的成绩。之后,中国女排的成绩徘徊不前,在 2008 年奥运会上仅取得第 3 名的成绩。期间波澜曲折,中国女排面对的是一个怎样的社会环境呢?社会环境对中国女排成绩的影响又是怎样的?

女排夺冠和失利的历史因素:在不同时期、不同规则的竞赛条件下,国家的方针政策、管理体制、指导思想、科研能力、教练员和运动员的水平、后备力量、精神动力

① 刘俊凯.中国优秀篮球运动员成才规律的初步研究[D].开封:河南大学.2002.

② 陈兰波.中国优秀篮球运动员的成长与培养[D].苏州:苏州大学,2006.

③ 张在宁,谭长青.影响少年体操运动员成才的非训练因素[J].南京体育学院学报,1999,13(3):1-3.

等有着不同的影响[①]。社会经济发展的体制决定了中国女子六人制竞技排球运动的发展。女子六人制竞技排球运动的管理体系必须与经济体制相适应。社会经济水平的高低也影响着女子六人制竞技排球运动的发展。政治作为国家和政党的重大活动,对竞技体育有着重大的影响,特别是对举国体制下的女子竞技排球运动的发展有着深远的影响。社会政治的稳定,是中国女子竞技排球运动发展的基础。群众排球运动、学校排球运动是女子竞技排球运动发展的基础。女子竞技排球水平是在群众排球运动的基础上的提高,体育产业的发展使女子竞技排球运动与群众排球运动、学校排球运动之间的关系更为密切[②]。

综上所述,优秀运动员是在一定的社会条件下产生的,社会为其提供了成才的机遇。所以,为运动员创造良好的社会条件,有助于中国竞技体育向一个新的高度发展。

2.2.2.2　影响优秀运动员成长与培养的道德条件

优秀运动员的培养首先培养的是人,然后才是运动员,才是冠军。我们不但要重视夺取金牌的结果,更要重视夺取金牌的全过程。这个全过程包括体育训练、文化学习、思想道德素质教育等过程。其中,思想道德素质教育是贯穿全过程的最重要的环节,它对于优秀运动员的健康成长和竞技体育可持续发展都是十分必要的[③]。

竞技体育是培养优秀运动员竞争意识的有效手段,同时又能培养个体的合作意识,并求得两者间的内在统一。对优秀运动员进行“做人教育”非常重要。人际交往是人类社会特定的社会现象。马克思说:“社会不管其形式如何,是什么呢?是人们交互活动的产物。”[④]没有人们之间的交往,便没有社会。从另一个角度讲,没有人们之间的交往,也就没有体育运动。建立良好的人际交往关系,特别是优秀运动员与队友、教练和领队之间的良好关系是提高体育训练比赛协作能力的需要。

涂永民在《集体运动团队中人际关系影响因素》中提到[⑤],影响运动团队人际关系的主要因素包括教练员方面和运动员方面。教练员方面包括:教练员的人格魅力

---

① 周振平.中国女排30年历史回眸与展望[D].开封:河南大学,2007.

② 李军.中国女子六人制竞技排球运动发展史的研究[D].苏州:苏州大学,2007.

③ 彭亦冰.优秀运动员思想道德素质教育研究[D].长沙:湖南师范大学,2005.

④ 中共中央马克思恩格斯列宁斯大林著作编译局.马克思恩格斯选集:第4卷,2版.北京:人民出版社,1995:532.

⑤ 涂永民.集体运动团队中人际关系影响因素[J].改革与开放,2010(5):176-177.

和业务素质，其中主要包含了教练员的指挥能力和文化素质。运动员方面的主观因素包括认知因素、个性品质、能力因素；客观因素包括相似性因素、互补性因素、邻近性因素。他还提出了相应的对策：教练员同时要指导队员形成正确的自我认知；教练员对于队员之间建立的人际关系要正确认识；正确对待运动队中的“小团体”现象；调整沟通的方式，注意沟通细节问题，尊重队员。

体育道德是在体育活动历史中产生和发展的，适合体育运动的特点和体育精神的道德及相应的行为规范，是从事体育运动的人们所应具备的道德品质。它包括对从事体育活动的个体和群体，如运动员、教练员、裁判员，以及体育竞赛的组织者和观众等提出的道德要求[①]。周庆珍在《浅谈少年运动员体育道德品质形成和发展的特点》中指出：少年运动员体育道德品质的形成和发展表现出阶段性、可塑性、曲折性的特点。[②] 彭亦兵在《优秀运动员的体育德育应实现“八个结合”》中提到：运动队、学校、社会作为一个教育整体，齐抓共管；优秀运动员从进队、训练比赛、文化学习到退役的全过程教育；体育德育渗透到优秀运动员的生活、学习和训练之中。[③]

2.2.3 影响优秀运动员成长与培养因素的教育学研究

知识乃学问。知识体系的结构情况与组合方式称为知识结构。任何一种行业都有自身的科学体系，因此不同行业的人有着不同的知识结构[④]。李杰在《青少年运动员文化教学研究》(2003)中，通过对中国青少年运动员的大量调查，并结合教学实践，发现优秀体育人才普遍具有 4 种主要的知识能力与素质，即：政治素质，包括爱国主义与高尚道德品质；文学素质，包括文字表述与语言表达能力；思维素质，包括逻辑思维与生活知识、常识等；交际素质，包括外交与外语口语交流能力。[⑤]

目前，中国很重视青少年运动员的文化学习，文化学习与训练比赛的冲突造成的内在压力会对运动员训练产生影响，文化学习与运动训练的关系既矛盾又统一，正确处理其关系可以更好地帮助运动员成长。池建在《论竞技体育与高等教育的结合》(2003)提出体育的发展不能离开教育，特别是在青少年成长过程中显得尤为重

① 罗国杰. 中国伦理学百科全书[M]. 长春：吉林人民出版社，1993：620-621.

② 周庆珍. 浅谈少年运动员体育道德品质形成和发展的特点[J]. 哈尔滨体育学院学报，1999，17(4)：96-97.

③ 彭亦兵，彭小芸. 优秀运动员的体育德育应实现“八个结合”[J]. 当代教育论坛，2007(12)：75-76.

④ 赵桂银，王正欧. 体育人才学[M]. 北京：人民体育出版社，1993.

⑤ 李杰. 青少年运动员文化教学研究[J]. 武汉体育学院学报，2003，37(2)：181-182.

要，并且以西方培养优秀青少年运动员的体制为启示，探索中国竞技体育与高等教育结合的方式。[①] 黄金(2002)提出“多元文化教育体系”[②]，它是指在充分利用现有教育资源的基础上，广泛利用社会力量，进一步拓宽运动员接受不同层级文化教育的渠道，为广大运动员构建出可灵活接受文化教育的立交桥，同时形成运动员文化教育的良性运行机制。

张传义等人研究了篮球运动员的竞技能力和其知识结构的关系[③]，指出：篮球是一项对抗性十分激烈的项目，运动员对篮球的理解、认识程度，篮球素养的获得，对教练员战术思想的领会，战术配合的组织，能否在比赛中体现其丰富的想象力和创造力、保持良好的心理稳定性，能否在强对抗中保持快速、准确、灵活的应变和善变能力，与运动员的知识结构有着直接的关系。可见，运动员的文化素质和其竞技水平息息相关。加强优秀运动员文化教育成为当前必不可少的一项工作。

综上所述，运动员的受教育水平与运动员的竞技能力有着直接的关系，较高的智力和丰富的体育知识结构能够更好地帮助运动员成才。因此，在现实训练中，提高运动员的智力和文化水平理应越来越得到教练的重视。

2.2.4　影响优秀运动员成长与培养因素的心理学研究

运动智能是智能中的一种，是指运动员以一般智能为基础，运用包括体育运动理论在内的多学科知识，参加运动训练和运动比赛的能力，是运动员总体竞技能力的重要组成部分[④]。周志雄认为，领悟运动技术能力、自我训练意识、比赛经验、体育学科知识等变量是影响运动员运动智能的重要因素。[⑤] 可见，运动智能包括运动员智力和知识结构两方面。

2.2.4.1　智力对优秀运动员成长与培养的影响

所谓智力是指人对客观事物的认识和理解能力，它是人的各种能力的基础[⑥]。

---

① 池建.论竞技体育与高等教育的结合[J].北京体育大学学报，2003，26(2)：149-159.

② 黄金.中国优秀运动员文化教育发展对策研究[D].北京：北京体育大学，2002.

③ 张传义，毕务萍.现代篮球运动员的竞技能力特征[J].山东体育学院学报，2000，16(48)：68-70.

④ 田麦久.运动训练学[M].北京：人民体育出版社，2000.

⑤ 周志雄，王保成.影响中国青少年田径运动员成长因素的研究[J].首都体育学院学报，2005，17(3)：25-27.

⑥ Robert J Sternberg: People's Conception of Intelligence[J]. Journal of Personality and Social Psychology，1981(4)：41.

通过查阅相关文献,有不少学者和专家研究智力因素对运动员和项目的影响。荣敦国通过对影响中国举重、游泳、乒乓球和射击四个优势项目的智力因素研究中发现:运动意志注意和运动节奏感是四个项目运动员共同看重的运动智力因素。[①] 他提出开发、培养运动智力因素,在很大程度上,就是对运动员进行具体运动智力因素品质的开发与培养。

王嵊海在《试论智力因素对篮球运动的影响》(2003)中,通过技战术的掌握、良好的心理素质的养成、球队管理、篮球运动市场化等四方面,将系统论中的"木桶原理"应用于智力因素,论述了智力因素,对篮球运动的影响,提出作为一种综合的整体结构,它的作用只有与其他的行为相结合才能显现出来,[②]亦即链条的牢固程度如何取决于最薄弱的环节。作为物的集合智力因素可以发挥资源配置的优势,作为人力才华的集合可以发挥人的主导地位,从而不断将篮球运动推向新的高峰。

张禹通过对排球运动员智力特征的实证研究总结出:排球一级运动员具有与体育教育专业和非运动专业学生不同的智力特征,具体表现在单纯求快的推理、快而准的决策、快速注意和准确的元认知;改进的瑞文标准测验材料、快速决策研究范式、变化盲视和变化盲视的盲视范式可以作为研究排球运动员智力特征的范式,同时对其他项目运动员智力的研究有借鉴和参考价值。[③] 排球运动员智力特征的测试在排球运动员心理选材和训练中具有一定的应用价值。

综上所述,人们越来越关注智力因素对体育活动的影响,并试图通过发现项目的智力特征进行选材以及提高智力来帮助运动员更好地成才。

2.2.4.2 个性心理对优秀运动员成长与培养的影响

个性心理是心理学的基本内容,也是体育心理学的基础部分。人的全面发展是个性的逐渐完善的过程。体育的本质特点是使我们人自身向着更好的方向变化,体育运动不仅对个性的形成和发展有着重要影响,而人的个性特征对从事体育运动也有着重要影响[④]。

---

① 荣敦国. 智力和非智力因素对若干运动训练竞赛活动的影响研究:以举重、游泳、乒乓球和射击为例[D]. 上海:上海体育学院,2009.

② 王嵊海,刘爱华. 试论智力因素对篮球运动的影响[J]. 山东师范大学学报(自然科学版),2003,18(4):111-113.

③ 张禹. 排球运动员智力特征的研究[D]. 北京:北京体育大学,2005.

④ 杨明. 论个性心理特征与体育运动[J]. 广西政法管理干部学院学报,2000,15(4):76-77.

个性心理特征是一个人身上经常表现出来的本质的、稳定的心理特征。它包括能力、气质、性格，其中以性格为核心。张锡金在对射击运动员个性心理特征研究中得出：优秀射击运动员的个性特征主要表现为乐观性、稳定性、敏感性、有恒性、自律性。射击运动员的性格倾向以中间型为多数。专业射击运动员的心理健康均数明显高于非专业射击运动员。① 他强调个性心理训练是一项长期的训练过程。如果只是在临赛前对运动员做几次心理调节训练，赛场上就很难对付一些意想不到的情况。因此运动员的个性心理训练必须依靠平时的系统训练才能逐步提高，通过平时训练的积累来不断提高自我控制能力，比赛时才能应对各种干扰和复杂多变的情况。另外，还要特别注意培养运动员的恒心和毅力。

徐长川在《浅析个性心理对100米跑成绩的影响短跑运动》研究中发现，在100米过程中大脑兴奋与抑制的交替速度非常快，心理的一定紧张度也是客观存在的。要在比赛中发挥正常水平，就必须要有心理状态的相对稳定，这种稳定与个体倾向性有很大关系。② 只有保持稳定性才能加强对体内的调节，从而保持适宜的兴奋性，有效控制肌肉活动，建立相应的“时间感、节奏感和速度感”。李洪生在《试析排球运动员的心理素质》中总结出排球运动员个性心理特征表现在好胜心、智力、性格、情绪、气质、注意力、自控力等方面。③ 他提出作为一名优秀的教练员，不仅应对运动员进行严格要求，更重要的是针对运动员的个性倾向性（指一个人的意识倾向，如需要、理想、世界观等）和个性心理特点（如兴趣、能力、性格、气质等）进行正确引导，帮助她们形成自己鲜明的个性发展。只有具备了优良的心理品质，才能在比赛中表现出团结奋进、吃苦耐劳、敢打敢拼、胜不骄败不馁、高水平的心理素质，从而保证以最佳竞技状态取得比赛的胜利。

综上所述，这些研究从运动员与教练和同伴的人际关系、体育道德品质和个性心理品质三个方面出发，研究影响优秀运动员成才的德育结构。在运动员成长与发展的每一个阶段和每一个方面强化德育管理体制，重视运动员德育教育训练，切实增强体育教育和体育竞技的整体实力，促进高校体育教育和体育竞技事业的更快发展，进而使中国体育教育和体育竞技事业在矛盾的对立统一中不断求得新的发展，不断创新佳绩，不断铸就新的辉煌。

---

① 张锡金．射击运动员个性心理特征研究[J]．佛山科学技术学院学报（自然科学版），2006，24(3)：75-77.

② 徐长川．浅析个性心理对100米跑成绩的影响[J]．沈阳师范学院学报（自然科学版），2002，20(2)：139-141.

③ 李洪生，李卫东．试析排球运动员的心理素质[J]．德州师范高等专科学校学报，1995，11(4)：52-56.

2.2.5 影响优秀运动员成长与培养因素的管理学研究

体育管理是体育组织中的管理者，对体育管理客体通过实施计划、组织、协调、控制等职能，协调他人的活动，发挥各种资源的作用，实现预定目标的活动过程。无论是运动员选材、运动训练还是运动竞赛，都必须在专门的管理体制组织管理下才能得以实施并收到理想的效果①。

2.2.5.1 运动员管理对排球运动员成长与培养的影响

1992年原国家体委召开了研讨体育体制改革的中山会议，随后发布了《关于深化体育改革的意见》，提出了体育改革的总目标："改变原来在计划经济体制下，单纯依靠国家和主要依靠行政手段办体育的高度集中的体育体制，建立与社会主义市场经济相适应的符合现代体育运动规律，国家调控，依托社会，有自我发展活力的体育体制和良性循环的运行机制，形成国家办与社会办相结合，集中与分散相结合的格局。力争在本世纪末初步建立具有中国特色的社会主义体育新体制。"②1992年在北京红山口召开全国足球工作会议之后，足球项目率先进入市场，成为整个体育改革的突破口。随后篮球、排球也进行了职业化改革。随着世界排球运动水平的飞速发展及中国排球运动体制改革的进一步深化，中国排球运动发展迅速，水平逐步提高，市场化逐渐升温。运动员的预测与规划、运动员流动与调节成为管理工作中的重中之重。

罗普磷在其《关于体育人才科学预测的初步探讨》中指出，人才的预测是人才管理的重要环节，是一项着眼于未来的开拓性工作。③ 体育要发展，关键在人才。一个国家的体育事业能否得到高速、稳步的发展，体育人才队伍是否兴旺发达，未来事业发展所需要的人才供给是否协调，都与人才预测工作密切相关。他还提出：根据社会主义市场经济要求和体育发展需要及体育人才成长规律，不断加强和改进体育人才预测工作，是实现体育人才管理科学化的重要任务，是多出人才，出好人才，提高人才效益的有效措施，是促进体育发展，实现体育强国宏伟目标的根本保证。梁霞

---

① 田麦久.运动训练学[M].北京：人民体育出版社，2000.

② 国家体委.中华人民共和国体育法规汇编(1993－1996)：关于深化体育改革的决定[M].北京：新华出版社，1997.

③ 罗普磷.关于体育人才科学预测的初步探讨[J].西安体育学院学报，1994，11(3)：33-36.

在其《浅析人才管理中的人才规划》[①]中将人才规划定义为：人才的规划是系统评价人才需求，确保必要时可以获得所需数量且具备相应技能的员工的过程，它是对现时和未来人才工作的一种谋划，是指导人才工作开展的有效方法。《体育人才学》将体育人才规划定义为：体育人才规划就是指国家、省、市、区、县等体育部门对体育人才在今后的一段时间内根据对各类体育人才的需求所制定的培养目标和使用的详细计划[②]，并且说明了其与人才预测的关系：人才的规划与人才的预测息息相关。没有预测，很难做出规划，没有规划，预测中提出的问题就无法得到解决。预测是手段，规划是目的。它的作用是解决人才比例失调；解决数量短缺或数量过剩问题；提高人才的培养效益；促进体育事业的发展。

人才流动是指在地区、行业、岗位等方面进行的工作变动的总称[③]。随着竞技体育职业化和商业化的发展，运动员的流动已经成为必然趋势。流动是运动员自身价值的体现，也是输出或输入运动队和俱乐部进行投资和获得回报的商业行为[③]。

黄榜银在《影响中国运动员流动的因素分析》中对中国高水平运动员流动的因素进行了分析[④]，总结出由运动员方面的因素、输出方的因素、引进方的因素和管理体制和市场等环境方面的因素构成。他还提出解决运动员流动问题的设想：一是对体育人才市场的管理，要打破体育人才的地区所有制，完善体育人才市场组织形式，合理开发和利用高水平运动员资源；二是建立完善体育人才市场的法规体系和运动员流动的监督管理体系，建立体育人才流动的新秩序；三是扩大运动员培养单位的自主权，依托市场推行体育后备人才有偿培训制度；四是一方面大力培养体育运动员经纪人，结合注册制度建立全国统一的运动员市场信息资源共享库，另一方面切实规范好体育经纪活动；五是改革体育系统的劳动人事制度，实行管办分离。武恩钧等人从经济学的角度对运动员流动的作用做出了分析[③]：运动员流动可以提高运动队或俱乐部的经营能力；运动员的竞争和流动能提高总体运动水平；运动员的流动可以推动竞技体育运行机制的变革，实现人才价值的合理化利用和分配，从而创造最佳的社会效益和经济效益；运动员流动能够提高中国竞技体育的国内、国际竞争水平，使中国的竞技体育的发展进一步与国际接轨。苗磊对中国排球联赛运动员

① 梁霞.浅析人才管理中的人才规划[J].行政管理，2008(5)：257-258.

② 赵桂银，王正欧.体育人才学[M].北京：人民体育出版社，1993.

③ 武恩钧，赵国杰.职业化进程中中国运动员流动的经济学研究[J].体育文化导刊，2006(1)：63-64.

④ 黄榜银.影响中国运动员流动的因素分析[J].涪陵师范学院学报，2003(19)：128-129.

流动现状做了研究，描述了中国排球流动现状：中国排球联赛运动员流动整体还处于初步发展阶段，流动人数少，流动形式单一，与国外联赛开展较好的国家相比，还有很大差距；中国排球联赛引进外援还处于鼓励引进阶段，研究表明，引进外籍球员对中国排球联赛的发展有重要作用，已经得到广泛认可，但是在如何针对中国排球联赛发展现状，科学地把握引进的时机及合理使用外籍球员方面还有待进一步完善；排球联赛运动员流动的形式包括常态流动和非常态流动。[①] 他提出，影响中国排球联赛运动员流动的主要因素依次为俱乐部的经济状况，相关法律法规、条例建设，人才产权的归属以及政府的行政干预。

2.2.5.2 排球运动员的培养体制对其成长与培养的影响

中华人民共和国成立以来，在政府主导下建起了层层衔接的"三级训练网"，竞技体育实现了超常规发展，取得了举世瞩目的成就。中国从传统的"二元经济"社会向现代的"一元工业"社会转变、从传统的计划经济体制向社会主义市场经济体制转变。马志和在《论中国竞技体育后备人才培养体制的创新》中指出了中国竞技体育后备人才培养体制存在的缺陷：资源分配效率不高；运动训练与文化教育脱节；体校产权边界模糊，制度激励不足；投资渠道单一，供需矛盾加剧。[②] 他提出创新战略对策：分阶段、分层次、有重点地推进制度创新；树立大人才观，加强"体、教结合" 培养体系，建立新型后备人才培养基地；加大体校的资金投入，不断完善投资结构，建立效益投资体系；塑造市场主体，完善市场规则，逐步实行竞技体育后备人才的市场交流制度；鼓励社会力量参与后备人才培养，国家从政策上保证培养单位的收益；加强教练员制度建设，提高教练员群体素质。

在国际排坛上，对排球运动的发展产生巨大影响的国家不多，美国、日本、古巴、中国四国对世界排球运动的发展都起过巨大的推动作用。学习和借鉴国外的先进经验，适时适当地改革和完善中国优秀排球运动员的选拔和训练机制，可以进一步推动中国排球运动向前发展。

美国一流选手的选拔主要来源于大学排球队。在美国，约有 1100 所学院和学校开展竞技排球运动。若按每一所院校 12～15 名运动员计算，大学校园里就有 1.3～

---

① 苗磊. 中国排球联赛运动员流动现状与对策研究[D]. 广州：华南师范大学. 2007.

② 马志和，徐宏伟，刘卓，等. 论中国竞技体育后备人才培养体制的创新[J]. 体育科学，2004，24(6)：56-59.

1.6 万名排球运动员。而美国实验的“少年优秀排球计划”中的中小学排球运动员则是美国排球后备力量的坚实基础，该队约有 2.8 万名年轻选手，分 4 个不同的年龄组：18 岁和 18 岁以下、16 岁和 16 岁以下、14 岁和 14 岁以下、12 岁和 12 岁以下[①]。

该体制的主要特点是：小学体育基础雄厚，中学是美国培养奥运会选手的初级阶段，大学为第二阶段，排球的最高水平在大学。美国高校运动员培养模式如图 2.1[②] 所示。

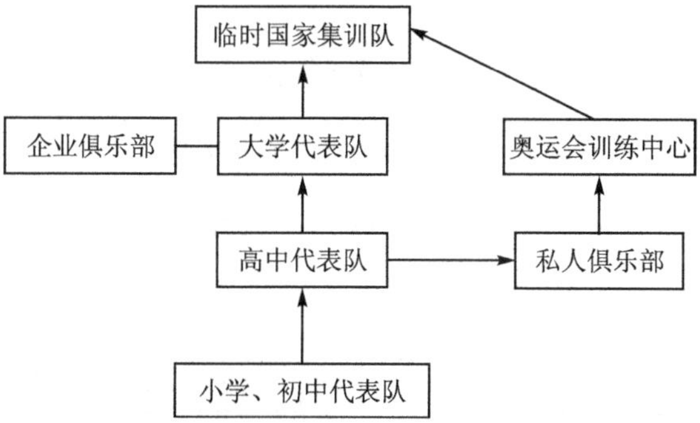

图 2.1 美国高校运动员培养模式图

日本国民开展排球运动十分普及，据有关资料统计，日本的实业团体排球队男子有 1160 个、女子有 441 个，普通排球队男子有 1680 个、女子有 995 个，大学排球队男子有 279 个、女子有 278 个。高中队为日本排球的后备军，其数量就更多了，全国高中队以上的排球队达到 25306 个。雄厚的排球运动基础为优秀排球运动员的选拔提供了良好条件[①]。

日本选拔优秀运动员主要是通过两个途径：一是经过小学—初中—高中—大学—实业团队或一般队—国家队逐层选拔；二是直接从高中或大学队抽出入选国家队，日本国家女排运动员的选拔常采用后一种形式。日本高校运动员培养模式如图 2.2 所示。[②]

---

① 周明华. 排球后备人才选拔与训练体制的比较研究[J]. 洛阳师范学院学报，2000，19(5)：73-74.

② 王泽杰，杜治华，孟春雷. 中外高校高水平排球运动员培养模式对比研究[J]. 山西师范大学体育学院学报，2008，23(4)：99-101.

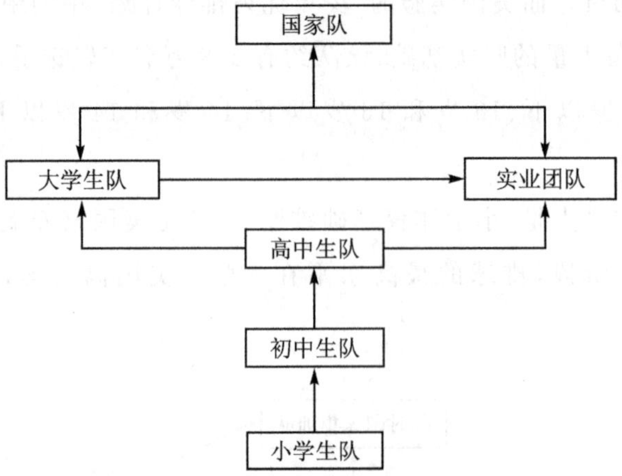

图 2.2 日本高校运动员培养模式

回到中国，总体上来看，中国目前仍处于传统的一条龙培养模式，如图 2.3 所示。[①]。

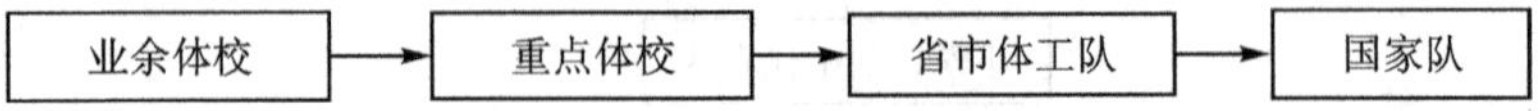

图 2.3 中国高校运动员培养模式

通过对美国、日本、中国三个国家运动员培养模式的比较发现，国外培养高水平运动员的模式是以小学为基础，以大学为主要发展阶段，最后选拔优秀队员进入国家队，运动员的文化知识和思想水平较高，符合全面发展的要求。而中国运动员的培养模式是以业余体校为基础，再到体工队，最后选拔优秀运动员到国家队，运动员的文化水平和思想素质较低，不利于运动员的全面发展，影响了中国体育事业的发展。

王泽杰等人在《中外高校高水平排球运动员培养模式对比研究》中提出设计适合中国国情的高校高水平排球运动员的“四级训练”培养模式[①]，如图 2.4 所示。

从图 2.4 可以看出，一方面，此模式包括普及选材训练阶段、培养成型训练阶段、高水平训练成才阶段和高水平展现阶段的四级训练网模式，符合人体生长发育的生理规律、竞技运动技能的形成规律及市场经济的基本规律，可以从根本上解决运动

① 王泽杰，杜治华，孟春雷. 中外高校高水平排球运动员培养模式对比研究[J]. 山西师范大学体育学院学报，2008，23(4)：99-101.

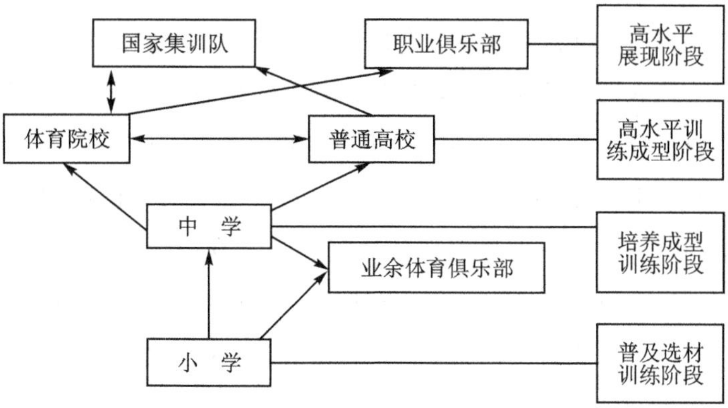

图 2.4 “四级训练”运动员培养模式图

员的学训矛盾。另一方面,这种模式的形成将更具发展潜能,如职业俱乐部的设置,符合中国现阶段市场经济体制改革的需要,可以为一些优秀运动员提供一条新的就业途径①。可见,一个优秀运动员或者一个优秀球队需要坚实有效的培养体制作为保障,中国竞技体育水平才能达到一个新的高度。

综上所述,良好的体育管理工作是中国排球后备人才的培养以及发展俱乐部和排球市场的保证,但是很少有人从这个方面着手研究优秀运动员的成长,这就为本研究提供了思考。

2.3 小 结

优秀运动员的成长与培养是一个长期而复杂的过程,不仅受到内在因素的影响,包括德育结构、知识结构、智力活动、心理素质、身体形态等,而且还受到外在因素的影响,包括竞赛、教练员、训练方法、社会条件、培养体制等。从以上有关优秀排球运动员成才因素的综述中可以发现,尽管已有许多专家学者对排球运动员从不同侧面、不同角度进行了相应的研究,但是探讨的仅仅是几个方面,不系统也不全面,不能从宏观和整体上把握影响高水平优秀女排运动员成才的因素。

排球运动是中国三大球重点发展项目之一,国家有关部门一直对中国排球运动

① 王泽杰,杜治华,孟春雷.中外高校高水平排球运动员培养模式对比研究[J].山西师范大学体育学院学报,2008,23(4):99-101.

的发展和提高高度重视。中国女排的发展和提高更是受到全国上下的密切关注。自 20 世纪 80 年代中国女排成就世界女排历史上首个“五连冠”的佳绩后，中国女排就成为了当时中国人的模范和骄傲，更成为中国在 20 世纪 80 年代腾飞的象征。北京奥运会后随着黄金一代优秀运动员的相继退役，中国女排成绩开始下滑，在 2010 年世界女排锦标赛上更是取得了第 10 名的成绩，这是中国女排自 1974 年以来取得的历史最差成绩。中国优秀排球运动员的成长及培养已经成为中国排球界研究并亟待解决的问题。本研究以高水平优秀女排运动员的成长过程研究为切入点，对高水平优秀女排运动员的成长和培养过程进行多角度、深层次、系统性的研究，分析影响高水平优秀女排运动员成才的因素，总结她们成长的经验，以期探索出优秀女排运动员的成才规律，为以后高水平优秀女排运动员的培养提供启示与借鉴，并对以后培养优秀排球运动员具有重大的理论和现实意义。

第三章　研究对象与研究方法

3.1　研究对象

研究对象为高水平优秀女排运动员的成长与培养。

本研究的调查对象是1981—2008年代表国家参加过洲际或世界级比赛的高水平优秀女排运动员，在查阅文献的基础上对初步调查对象的比赛经历和成绩进行汇总，并列出具体名单(见附件F)。根据专家的意见和笔者的实际调查能力，本研究筛选后的名单中共有35人。本研究以35位高水平优秀女排运动员为问卷的调查对象进行问卷调查。

3.2　研究方法

3.2.1　专家访谈法

对本学科专家和资深教练员进行访谈，就本研究的意义、实用价值、科学性、可行性及运动员成长与培养影响因素等方面咨询了专家，他们为研究的适用性、科学性和可行性提供了宝贵的经验。访谈专家信息如表3.1所列，访谈提纲见附件A。

表3.1　专家访谈情况一览表

专家姓名	单　位	职　称
毛志雄	北京体育大学	教授
尹洪满	北京体育大学	副教授
吴中量	北京体育大学	教授
安景文	中国矿业大学	教授

续表 3.1

专家姓名	单　位	职　称
黄辅周	北京体育大学	教授
侯恩毅	北京体育大学	副教授
彭宇	中国矿业大学	教授
姚蕾	北京体育大学	教授
孙平	北京体育大学	教授
田麦久	北京体育大学	教授
高峰	北京体育大学	教授
高子琦	北京体育大学	教授
吴咏梅	八一体工大队	教练
范桂香	八一体工大队	教练

3.2.2 问卷调查法

3.2.2.1 高水平优秀女排运动员成长与培养影响因素调查问卷

根据专家访谈和调查的结果，本研究设计“高水平优秀女排运动员成长与培养影响因素”调查问卷，以高水平优秀女排运动员为调查对象，采用现场发放、电子邮件的发放形式，发放问卷35份，回收35份，回收率为100%。

一、问卷的效度检验

在查阅文献的基础上，设计影响高水平优秀女排运动员成长与培养的指标体系，请专家进行筛选，以确定高水平优秀女排运动员成长与培养影响因素的维度。高水平优秀女排运动员成长与培养影响因素维度调查表见附件B。调查专家情况如表3.2所列，其中发放问卷15份，回收15份，回收率100%。

表3.2　调查专家基本情况表

专家姓名	单　位	职　称
毛志雄	北京体育大学	教授
尹洪满	北京体育大学	副教授
吴中量	北京体育大学	教授
安景文	中国矿业大学	教授

续表 3.2

专家姓名	单　位	职　称
黄辅周	北京体育大学	教授
侯恩毅	北京体育大学	副教授
彭宇	中国矿业大学	教授
姚蕾	北京体育大学	教授
孙平	北京体育大学	教授
田麦久	北京体育大学	教授
高子琦	北京体育大学	教授
吴咏梅	八一体工大队	教练
范桂香	八一体工大队	教练
赖亚文	国家体育总局训练部	副部长
王洪福	八一体工大队	领队

高水平优秀女排运动员成长与培养影响因素共分为 5 个一级指标，分别是运动训练和竞赛因素、社会因素、运动员心理因素、管理因素、运动员受教育因素。各因素的二级指标如表 3.3 所列。

表 3.3　第一轮专家维度调查问卷结构表

一级指标	二级指标
运动训练和竞赛因素	选材
	训练
	训练环境
	运动员的竞赛能力
	对手的水平
社会因素	社会环境
	时机
	家庭环境
	人际关系
运动员心理因素	认知
	情感和意志
	注意
	个性

续表 3.3

一级指标	二级指标
管理因素	国家排球政策
	运动员管理
运动员受教育因素	基础教育
	专业教育

经过 15 位专家的筛选和修改意见，认为高水平优秀女排运动员成长与培养的 5 个一级指标合理的专家占比达 90%以上的保留，根据专家的选择和修改意见，确定的高水平优秀女排运动员成长与培养影响因素维度表如表 3.4 所列。维度调查表见附件 D。

表 3.4　第二轮专家维度调查问卷结构表

一级指标	二级指标
运动训练和竞赛因素	选材
	训练
	竞赛
社会因素	社会环境
	时机
	人际关系
运动员心理因素	认知
	情感和意志
	注意
	个性
管理因素	国家排球政策
	运动员管理
运动员受教育因素	基础教育
	专业教育

专家对第二轮的维度调查结果如表 3.5 所列。由表 3.5 可见，15 位专家中认为非常合理的人数占 93.33%，认为比较合理的人数占 6.67%。认为一般以上的合理程度达到 100.00%，因此认为问卷的维度符合要求。

表 3.5 维度调查结果

选择人数	非常合理	比较合理	一 般	不太合理	非常不合理	总 计
人数	14	1	0	0	0	15
百分比	93.33%	6.67%	0	0	0	100%

二、问卷的信度检验

采用重测信度，在发放问卷两周后，对高水平优秀女排运动员中的15名世界冠军用同一份问卷进行重测，计算相关系数 $r=0.924$，具有高度相关性，符合统计学标准。因此，认为问卷的可靠性高。

3.2.2.2 关于高水平优秀女排运动员成长与培养中若干问题的调查问卷

在进行完高水平优秀女排运动员成长与培养影响因素调查分析后，通过因子分析法，归纳总结出27项主要因子，根据重新归类总结的影响因素编制高水平优秀女排运动员成长与培养的调查问卷，对高水平优秀女排运动员的成长与培养过程进行分析研究。采用现场和电子邮件的方式进行问卷发放，问卷共发放35份，回收35份，回收率100%，其中有效问卷35份，有效率100%。调查问卷见附件E。

一、问卷的效度检验

问卷的维度是沿用“高水平优秀女排运动员成长与培养影响因素的调查问卷”的维度。经过因子分析后，以因子分析归类结果为维度体系，所采用的统计学计算出来的维度具有科学性和有效性，符合统计学标准，因此认为效度有效。

二、问卷的信度检验

采用折半信度，计算相关系数 $r=0.912$，具有高度相关性，符合统计学标准，因此认为问卷的可靠性高。

3.2.3 个案分析法

个案研究是针对单独的个人、群体或社会所进行的案例式考察。郎平和周苏红是中国培养出来的优秀运动员，两人都获得过世界冠军。郎平是唯一一位连续以主力队员身份带领中国女排获得“五连冠”的优秀运动员，也是中国女排精神的缔造者之一；郎平退役后的执教生涯成绩显著，其世界、社会影响力较大。周苏红几经退役，现在仍在国家队打球，是在队时间最长的中国女排主力队员、核心人物；周苏红的排球经历丰富，社会形象健康，是中国当今最具有影响力的运动员之一。因此，本研究选择对郎平和周苏红的成长过程进行个案分析比较有研究意义，并为研究提供了实例支持。

3.2.4 数理统计法

3.2.4.1 因子分析

研究过程中，将获得的数据通过 EXCEL、SPSS 16.0 软件进行常规的数理整理、制作和分析。对数据进行百分比和因子分析，归类总结分析影响高水平优秀女排运动员成长与培养的主要因子。

3.2.4.2 假设检验

研究过程中采用 EXCEL、SPSS 16.0 软件，对各因子下变量之间的重要程度和各变量之间的优秀程度进行卡方检验，比较影响高水平优秀女排运动员成长和培养各因素之间重要程度和优秀程度的差异性，比较高水平优秀女排运动员成长过程中各因素的差异。

3.3 研究假设

对高水平优秀女排运动员的成长与培养的影响，从运动训练学、社会学、教育学、运动心理学和管理学五个方面存在显著性差异。

利用因子分析结果，找出影响高水平优秀女排运动员成长与培养各因子间存在的显著性差异。

第四章　结果与分析

4.1　高水平优秀女排运动员成长与培养影响因子分析

4.1.1　主因子的确定

因子分析又称因素分析，是多元统计中用于降维的重要方法之一。因子分析的基本目的就是用少数几个因子去描述许多指标或因素之间的联系，将相关比较密切的几个变量归在同一类中，每一类变量就成为一个因子，用较少的几个因子反映原始资料的大部分信息①。运用这种统计方法，可以方便地、科学地找出影响高水平优秀女排运动员成长与培养的主要因子。

KMO是用于衡量一组变量相关程度的度量，其值介于0和1之间，当整体上偏相关系数平方和接近于1时的资料适合做因子分析，反之，不适合做因子分析。Kaiser(1974)是这样刻画这一度量的：0.9以上为极好的；0.8～0.9为可嘉的；0.7～0.8为较好的；0.6～0.7为中等的；0.5～0.6为糟糕的；0.5以下为不可接受的。巴特莱特(Bartlett)球形检验若具有显著性，则说明数据适合做因子分析。

通过专家两轮的维度检验，修改完善形成的高水平优秀女排运动员成长与培养影响因素调查问卷共包括31个影响因子，对这些因素进行样本适当性度量的检验，得出KMO＝0.912(见表4.1)，属于较好的，说明数据适宜进行因子分析。另外，根据Bartlett球形检验的$P=0$(见表4.1)，具有高度显著性，说明这组数据适合作因子分析。

① 姚凯，吴文静，李名文，等. 基于因子分析探究大学生学习状况主要影响因素[J]. 咸宁学院学报，2008，28(6)：12-15.

表 4.1　样本适当性度量的 KMO 值和 Bartlett 球度检验

Kaiser-Meyer-Olkin Measure of Sampling Adequacy		0.912
Bartlett's Test of Sphericity	Approx. Chi-Square	1.816×10^{3}
	df	561
	Sig.	0.000

对样本的量化信息进行 R 型因子分析，得出的相关系数矩阵如表 4.2 所列，由表 4.2 中的数据可以看出，大于 1 的特征值有 7 个，对应的累积贡献率为 87.239%，达到统计学累计贡献率 85%以上的要求，所以本研究取 7 个因子，基本能反映 31 个因子所要表达的信息量。

表 4.2　总的方差解释

成分	初始特征值			平方和负荷量萃取			旋转平方和负荷量		
	总　和	方差的%	累积%	总　和	方差的%	累积%	总　和	方差的%	累积%
1	7.867	23.139	23.139	7.867	23.139	23.139	4.837	16.891	15.413
2	5.678	17.564	40.703	5.678	17.564	40.703	3.786	14.892	30.305
3	4.654	15.189	55.892	4.654	15.189	55.892	3.562	14.681	44.986
4	2.428	10.276	66.168	2.428	10.276	66.168	2.891	11.069	56.055
5	2.087	9.391	75.559	2.087	9.391	75.559	2.672	10.855	66.91
6	1.897	6.575	82.134	1.897	6.575	82.134	2.491	10.382	77.292
7	1.278	5.105	87.239	1.278	5.105	87.239	2.093	9.947	87.239
8	0.822	3.023	90.262						
9	0.792	2.098	92.36						
10	0.711	2.143	94.503						
11	0.654	1.945	96.448						
12	0.601	1.098	97.546						
13	0.546	0.865	98.411						
14	0.512	0.453	98.864						
15	0.412	0.376	99.24						
16	0.319	0.259	99.499						
17	0.301	0.173	99.672						
18	0.245	0.075	99.747						

续表 4.2

成分	初始特征值			平方和负荷量萃取			旋转平方和负荷量		
	总　和	方差的%	累积%	总　和	方差的%	累积%	总　和	方差的%	累积%
19	0.201	0.054	99.801						
20	0.098	0.048	99.849						
21	0.087	0.039	99.888						
22	0.056	0.026	99.914						
23	0.043	0.019	99.933						
24	0.038	0.016	99.949						
25	0.027	0.013	99.962						
26	0.017	0.011	99.973						
27	0.009	0.009	99.982						
28	0.005	0.007	99.989						
29	0.004	0.005	99.994						
30	0.002	0.004	99.998						
31	0.001	0.002	100.00						

方差极大正交旋转，基本思想是通过旋转使载荷矩阵每一列中的数据都两极分化，大小拉开距离，以有利于因子的解释。表 4.3 所列是旋转后的因子矩阵表。

表 4.3　旋转后的因子矩阵

序　号	变　量	成　分						
		1	2	3	4	5	6	7
1	身体形态	0.115	0.116	0.067	−0.002	**0.808**	−0.260	−0.053
2	运动素质	−0.004	−0.049	0.108	0.082	**0.718**	0.174	0.273
3	生理机能	0.121	0.279	0.164	−0.127	**0.766**	0.322	0.162
4	教练员素养	0.185	0.073	**0.709**	0.283	−0.093	−0.218	−0.156
5	训练方法和手段	0.210	−0.076	**0.845**	0.144	0.107	0.036	−0.023
6	训练条件	0.325	0.254	**0.682**	0.074	0.207	−0.264	0.172
7	把握比赛规律的能力	**0.774**	0.288	−0.037	0.061	0.171	0.168	0.191
8	把握比赛机遇的能力	**0.820**	0.004	0.095	0.191	−0.062	0.843	0.093
9	参加赛事级别	**0.593**	0.189	−0.043	−0.042	0.116	0.167	−0.005
10	参加比赛场次数量	**0.811**	0.075	0.092	−0.043	0.247	−0.001	0.151

续表 4.3

序号	变量	成分						
		1	2	3	4	5	6	7
11	比赛经验	**0.792**	−0.021	0.157	0.060	0.042	0.250	0.252
12	政治条件	0.205	−0.076	0.054	**0.783**	−0.085	0.069	−0.088
13	经济条件	0.133	−0.048	−0.045	**0.822**	0.208	0.118	0.017
14	良好的时代需求	0.337	0.189	0.407	**0.775**	0.107	−0.027	−0.152
15	家庭体育氛围	0.162	0.226	0.397	−0.086	0.267	0.137	0.084
16	与教练的关系	0.044	0.091	0.053	0.043	0.116	**0.720**	0.108
17	与前辈的关系	0.349	0.495	−0.026	−0.085	0.043	**0.330**	−0.122
18	与同辈队友的关系	0.177	0.158	0.154	0.134	0.114	**0.785**	0.036
19	记忆能力	0.107	**0.873**	−0.064	0.174	0.122	−0.077	0.085
20	体育道德品质	0.322	0.233	0.086	0.085	0.076	**0.717**	0.179
21	先天心理素质类型	0.175	0.132	0.193	−0.066	−0.216	0.037	0.495
22	注意的(分配、转移)能力	0.060	**0.819**	0.230	−0.006	−0.026	0.203	0.130
23	对项目的热爱程度	0.111	−0.093	0.320	0.116	−0.395	**0.745**	0.400
24	后天养成的性格类型	0.086	0.334	−0.075	0.090	−0.087	**0.731**	0.641
25	国家体育制度	−0.148	0.155	0.121	**0.727**	0.086	0.085	0.042
26	运动员的训练体制	0.021	−0.035	**0.771**	0.066	0.000	0.206	0.217
27	运动员的考核与评价	0.527	0.296	0.120	0.091	0.165	0.007	0.431
28	运动员的预测与规划	0.004	0.278	0.011	0.455	0.172	0.044	**0.704**
29	运动员的流动与调节	0.353	−0.241	0.147	0.207	0.194	−0.095	**0.711**
30	基础文化知识	−0.135	**0.744**	0.107	0.197	0.000	0.159	0.218
31	专业技能知识	0.031	**0.765**	0.023	0.258	0.058	−0.005	0.158

由旋转后的因子分析中，变量序号 7、8、9、10、11 在成分 1 中数值较高，在其他成分里数值相应较低。因此，将把握比赛规律的能力、把握比赛机遇的能力、参加赛事级别、参加比赛的场次数量和比赛经验归为第一类因子。以此类推，第二类因子包括记忆能力、注意能力、基础文化知识、排球专业技能知识四个变量；第三类因子包括教练员素养、训练方法和手段、训练环境、训练体制四个变量；第四类因子包括社会政治背景、社会经济基础、时代需求、国家体育制度四个变量；第五类因子包括身体形态、运动素质、生理机能三个变量；第六类因子包括与教练的关系、与同辈队友

的关系、体育道德品质、对项目的热爱程度五个变量；第七类因子包括运动员的预测与规划、运动员的流动与调节两个变量。

家庭体育氛围、与前辈的关系、先天心理素质类型、运动员的考核与评价在各成分中的贡献率均较低，因此舍去。在31项影响因子中，有27项影响因子在某一成分中的贡献率较高，并且在其他成分中贡献率较低。因此，本研究选取27项影响因子为高水平优秀女排运动员成长与培养的主要影响因子，并根据因子特征来对因子进行命名。因子命名表见表4.4。

表4.4　主因子分析

因子序号	因子命名	变　量	因子特征
1	竞赛因子	参加赛事级别	竞赛
		参加比赛的场次数量	
		比赛经验	
		把握比赛规律的能力	
		把握比赛机遇的能力	
2	智能因子	记忆能力	智力知识
		注意能力	
		基础文化知识	
		排球专业技能知识	
3	训练因子	教练员素养	训练
		训练方法和手段	
		训练环境	
		训练体制	
4	社会条件因子	国家体育制度	社会条件
		社会政治背景	
		社会经济基础	
		时代需求	
5	身体选材因子	身体形态	身体选材
		运动素质	
		生理机能	

续表 4.4

因子序号	因子命名	变　量	因子特征
6	德育结构因子	与教练的关系	德育品质
		与同辈队友的关系	
		体育道德品质	
		性格类型	
		对项目的热爱程度	
7	管理因子	运动员的预测与规划	运动员管理
		运动员的流动与调节	

第一类因子特征是各个变量是关于竞赛经历和比赛能力的，均与竞赛有关，因此第一类因子被命名为竞赛因子。第二类因子的因子特征是智力和知识，统称为智能，因此第二类因子被命名为智能因子。第三类因子的因子特征与训练有关，因此第三类因子被命名为训练因子。第四类因子的因子特征是社会条件，因此第四类因子被命名为社会条件因子。第五类因子的因子特征是身体选材，因子第五类因子被命名为身体选材因子。第六类因子包含因子特征为人际关系、道德品质和个性品质，这三类可构成为德育结构，因此第六类因子被命名为德育结构因子。第七类因子特征是运动员的管理，因此第七类因子被命名为管理因子。由此可以归纳出，影响高水平优秀女排运动员成长与培养的 7 类因子，按贡献率由高到低分别是竞赛因子、智能因子、训练因子、社会条件因子、德育结构因子、身体选材因子、管理因子。

从运动员成长培养的过程来看，身体选材因子是运动员成长与培养的最开始阶段，运动员的身体特点是否符合排球运动的项目特征是运动员选材的重要依据。排球运动员的成长与培养是一个系统的过程，从选材开始到成才的培养过程中会有各种因素的影响，既有内部因素的影响，又有外部因素的影响。高水平优秀女排运动员的成长影响因子中，智能因子、德育结构因子、身体选材因子是其成长与培养的内部影响因子，竞赛因子、训练因子、社会条件因子、管理因子是其成长与培养的外在因子。

4.1.2 竞赛因子分析

竞赛因子包括参加赛事级别、参加比赛的场次数量、比赛经验、把握比赛规律的能力和把握比赛机遇能力的五个变量。其中参加赛事级别、参加比赛的场次数量和比赛经验均属于比赛经历和经验；把握比赛规律的能力和把握比赛机遇的能力均属于运动员的竞赛能力。表 4.5 所列为竞赛因子的重要程序的分析。

表 4.5　竞赛因子重要程度分析

竞赛因子	题　项	非常重要	比较重要	一　般	不太重要	非常不重要	P
比赛经历经验	赛事级别	8.57%	51.43%	40.00%	0.00%	0.00%	0.006
	比赛场次数量	22.86%	42.86%	28.57%	5.71%	0.00%	
	比赛经验	28.57%	65.72%	5.71%	0.00%	0.00%	
竞赛能力	把握比赛规律的能力	37.14%	51.43%	11.43%	0.00%	0.00%	0.073
	把握比赛机遇的能力	54.29%	45.71%	0.00%	0.00%	0.00%	

由表 4.5 可见，在参加比赛赛事级别重要程度的选择中，35 名高水平优秀女排运动员中有 8.57%的认为非常重要，有 51.43%的认为重要，有 40.00%的认为一般，且重要程度在一般以上的人数占 100%。由此可见，高水平优秀女排运动员参加赛事的级别对她们的成才是非常重要的。

在参加比赛的场次数量重要程度的选择中，有 22.86%的优秀运动员认为非常重要，有 42.86%的优秀运动员认为比较重要，有 28.57%的优秀运动员认为一般，有 5.71%的优秀运动员认为不太重要。可见，高水平优秀女排运动员对于参加比赛的场次数量重要性选择是有差别的，有 65.72%的优秀运动员对于参加赛事的场次数量都选择了重要，仅有 5.71%的优秀运动员选择了不太重要。

在运动员的比赛经验重要程度的选择中，有 28.57%的优秀运动员认为非常重要，有 65.72%的优秀运动员认为比较重要，有 5.71%的优秀运动员认为一般。可见，在比赛经验重要程度的选择上，绝大多数优秀运动员认为比赛经验对高水平优秀女排运动员的成长是非常重要的。

在竞赛因子中，参加赛事级别、比赛场次数量和比赛经验均属于运动员的竞赛经历和经验。相对于在百分比的比较上，运动员的比赛经验比参加赛事的数量和级别的重要程度要高。比赛经验、比赛场次数量和赛事级别三者的最重要程度的差异性检验中，$P=0.006$，存在显著性差异，说明三者的重要程度差异是比较明显的。高水平优秀女排运动员比赛经验的重要程度在竞赛因子的选择中是最高的，其次是比赛场次数量，排在最后的为赛事级别。

对于把握比赛规律能力的重要程度方面，认为非常重要的人数为37.14%，认为比较重要的人数为51.43%，认为一般的为11.43%。在把握比赛机遇能力的重要程度上，有54.29%优秀运动员认为非常重要，有45.71%的优秀运动员认为比较重要。在竞赛能力重要程度中，优秀运动员普遍认为把握比赛规律的能力和把握比赛机遇的能力都对自身的成才有着重要作用。但在百分比的比较上，把握比赛机遇能力的重要程度要高于把握比赛规律能力，优秀运动员对于在把握比赛机遇能力和把握比赛规律能力方面，更看重比赛机遇的把握能力。而两者重要程度的卡方检验结果为$P=0.073$，表明两者的差异不存在显著性，说明把握比赛规律和比赛机遇的能力对优秀运动员的成才均有着重要的作用。

竞赛因子对高水平优秀女排运动员的成长与培养影响非常重要，比赛经历经验和对比赛的把握能力是中国女排运动员竞赛因子的重要组成因素。运动员参加大型赛事和参赛场次的经历有助于运动员比赛经验的积累，丰富的比赛经验可以使高水平优秀女排运动员在大型赛事、关键局和关键球的处理上更加理智和冷静，对全队也起到了稳定军心的重要作用。因此，高水平优秀女排运动员认为比赛经验，特别是大型赛事的比赛经验对于自己的成长作用是重要的。

任何比赛都有一定的规律性，排球场地、主客场环境、对手情况、自己队友竞技状态也都有一定的规律可循。对比赛规律的把握能力是优秀排球运动员应该具备的重要能力。现在排球运动竞争激烈，国外对手强劲。一名优秀的运动员不仅要有优秀的专业技能，还要拥有展示自己的机遇，比赛场上的展示无疑是运动员最好的机遇，比赛机遇是运动员珍贵的成才因素之一。运动员对比赛机遇的把握能力直接关系着运动员的竞技表现、竞技成绩。因此，高水平优秀女排运动员认为对比赛机遇的把握能力是影响自己成长和成才的最重要竞赛因素。

4.1.3 运动员智能因子分析

高水平优秀女排运动员成长与培养的运动智能因子包括智力和知识能力两个方面。其中智力包括记忆力和注意力两个变量。知识结构能力包括基础文化知识和专业技能知识两个变量。

记忆力是人脑储存和重视过去经验和知识的能力，记忆的种类可分为形象记忆、语词记忆、情绪记忆和运动记忆。其中与运动员成长关系密切的是语词记忆和运动记忆。语词记忆对于学习体育理论知识具有十分重要的意义，而运动记忆则对于熟练地掌握运动技能具有十分重要的意义。在记忆能力重要程度的选择中，认为非常重要的占8.57%，认为比较重要的占62.86%，认为一般的占22.86%，认为不太重要的占5.71%。认为重要程度为一般以上的人数占到71.43%，可见，记忆能力是高水平优秀女排运动员成才的重要因素。

注意力是把心理活动指向和集中于一定对象的能力，是智力结构的重要组成部分。注意力在丰富的体育实践活动中经常得到广泛的应用，且在运动竞赛和体育工作中也都起着重要的作用。良好的注意力是促进成才的有利条件。运动员的注意力包括运动员注意的稳定性、注意的转移能力和注意范围等，在注意能力的重要程度方面，认为非常重要的占8.57%，认为比较重要的占68.57%，认为一般的占17.14%，认为不太重要的占5.71%。认为重要程度为一般以上的人数占到77.15%。可见，注意力是影响优秀运动员成才的另一个重要因素。表4.6所列为智力方面重要程度的分析。

表4.6　智力方面重要程度分析

题　项	非常重要		比较重要		一　般		不太重要		非常不重要	
	人　数	百分比	人　数	百分比	人　数	百分比	人　数	百分比	人　数	百分比
记忆能力	3	8.57%	22	62.86%	8	22.86%	2	5.71%	0	0
注意能力	3	8.57%	24	68.57%	6	17.15%	2	5.71%	0	0
P	0.009**									

注：** 表示 $P<0.01$ 水平。

由表4.6可见，在影响优秀运动员成才智力因子重要程度方面，重要程度最高的是注意能力，第二是记忆能力。两者重要程度的差异性卡方检验结果为 $P=0.009$，小于0.01，说明两者的差异具有较大的显著性，注意能力是能力因子里面较记忆能力更突出重要的影响因素。

知识乃学问，知识体系的结构情况与组合方式成为知识结构，知识结构对体育人才的类型和层次影响极大，不同的知识结构使人成为不同类型、不同层次的人。体育人才的知识结构由基础文化知识和专业技能知识两大类组成。其中，基础文化知识在体育人才中占有重大地位，也是一切人才必备的基础知识，没有基础文化知识做基础，就很难学好体育科学知识，也不可能在体育事业中做出重大贡献。表4.7所列为知识能力方面重要程度的分析。

在表4.7中，基础文化知识重要程度方面认为非常重要的占20.00%，认为比较重要的占54.29%，认为一般的占25.71%。认为重要程度为一般以上的人数占到74.29%，优秀运动员大部分认为基础文化知识是影响她们成才的重要因素之一。在专业技能知识重要程度方面，认为非常重要的人数占31.43%，认为比较重要的占65.71%。由此可见，所有的优秀运动员都一致认为专业技能知识是影响她们成才的重要因素。

表4.7　知识能力方面的重要程度分析

题　项	非常重要		比较重要		一　般		不太重要		非常不重要	
	人　数	百分比	人　数	百分比	人　数	百分比	人　数	百分比	人　数	百分比
基础文化知识	7	20.00%	19	54.29%	9	25.71%	0	0.00%	0	0.00%
专业技能知识	11	31.43%	23	65.71%	0	0.00%	0	0.00%	0	0.00%
P	0.006**									

注：** 表示 $P<0.01$ 水平。

基础文化知识和专业技能知识两者重要程度的卡方检验结果为 $P=0.006$，小于0.01，表明两者的差异存在显著性，优秀运动员认为专业技能知识比基础文化知识重要程度高，通过调查得出大部分优秀运动员对于基础文化知识水平对自身的影响程度的重要性还没有真正意识到。显然，基础文化知识和专业技能水平对于高水平优秀女排运动员都是比较重要的，而基础文化知识的高低又是能否很好掌握专项运动基本知识、基本技术和理解教练员训练意图和指导思想的基础。

4.1.4　运动训练因子分析

运动训练是培养和锤炼运动员的重要措施，从运动训练的角度来看，运动训练是在教练员的指导下，根据运动专项特点，采用合理的运动训练方法和手段，反复运动实践，对人体进行刺激，是运动员逐渐适应较大的运动负荷，促进运动素质和身体机能的发展提高，学习并不断完善运动技术，在竞赛中创造优异成绩的过程。优秀运动员成才是一个长期的系统过程，运动员从开始参加训练，经过系统培训，达到个人竞技高峰，一直到停止竞技训练活动是一个完整的训练过程。在这个过程中，教练员和训练方法手段以及训练环境和训练体制都是影响运动员成才的关键因素。表4.8所列为运动训练因子重要程度分析。

表 4.8　运动训练因子重要程度分析

题　项	非常重要		比较重要		一　般		不太重要		非常不重要	
	人　数	百分比	人　数	百分比	人　数	百分比	人　数	百分比	人　数	百分比
教练员素养	13	37.14%	22	62.86%	0	0.00%	0	0.00%	0	0.00%
训练方法和手段	28	80.00%	7	20.00%	0	0.00%	0	0.00%	0	0.00%
训练环境	7	20.00%	11	31.43%	17	48.57%	0	0.00%	0	0.00%
训练体制	9	25.71%	26	74.29%	0	0.00%	0	0.00%	0	0.00%
P	0^{***}									

注：*** 表示 $P<0.001$ 水平。

训练体系因子是影响优秀运动员成长与培养因子里面包含变量最多的因子，优秀运动员认为训练体系里面教练员素养、训练方法和手段、训练体制三个变量都是比较重要的，认为一般以上的人数均达到 100%。认为非常重要的程度中，训练方法与手段人数最多，为 80%；其次是教练员素养，为 37.14%；再次是运动员的训练体制，为 25.71%；最后是训练环境即训练场地和设施，为 20%。

训练场地和设施的重要程度稍差一点，认为非常重要的人数占 20%，认为比较重要的占 31.43%，认为一般的人数占 48.57%。

教练员素养和训练方法手段以及训练环境和运动员训练体制这四者重要程度的卡方检验结果为 $P=0$，说明四者的重要程度差异存在显著性。训练方法手段是运动训练因子中最突出的影响因素。优秀运动员在最佳竞技阶段和竞技保持阶段中，更看重的是教练员的训练方法和训练手段。同样，教练员的自身素养也是优秀运动员相对于运动训练方法和手段之外都比较看重的，而相对于教练员素养、训练方法手段和运动员培养体制这三个影响因子中，大部分优秀运动员则认为训练环境的重要性相对偏低。

4.1.5　社会条件因子分析

时代不同，其体育的发展水平也存在差异，社会条件与体育人才的成长发展有着密切联系。社会条件包括社会的经济基础、政治背景和时代需求等。运动员成长的环境，不仅与社会的大环境息息相关，而且与国家体育制度密不可分。

社会条件包括社会的经济条件、社会的政治条件、社会的时代需求等。运动员生存的环境，除受社会大环境影响外，还受国家体育制度的影响。优秀运动员成长与培养影响因素社会条件因子包括国家体育制度、政治条件、经济条件、时代需求四个变量。表 4.9 所列为社会条件因子重要程度分析。

表 4.9 社会条件因子重要程度分析

题 项	非常重要		比较重要		一般		不太重要		非常不重要	
	人 数	百分比	人 数	百分比	人 数	百分比	人 数	百分比	人 数	百分比
体育制度	5	14.29%	30	85.71%	0	0.00%	0	0.00%	0	0.00%
政治条件	3	8.57%	6	17.14%	16	45.71%	10	28.57%	0	0
经济条件	3	8.57%	20	57.14%	10	28.57%	0	0	0	0
时代需求	7	20.00%	24	68.58%	2	5.71%	2	5.71%	0	0
P	0^{***}									

注：*** 表示 $P<0.001$ 水平。

体育制度的重要程度中，有 14.29%的优秀运动员认为非常重要，有 85.71%的人认为比较重要。政治条件重要程度中，认为非常重要的优秀运动员人数占 8.57%，认为比较重要的人数占 17.14%，认为一般的人数占 45.71%，认为不太重要的人数占 28.57%。在经济条件重要程度的选择中，有 8.57%的人认为非常重要，有 57.14%的优秀运动员认为比较重要，有 28.57%的人认为一般。在时代需求重要程度的选择中，有 20%的优秀运动员认为非常重要，有 68.58%的优秀运动员认为比较重要，有 5.71%的优秀运动员认为一般，有 5.71%的优秀运动员认为不太重要。

高水平优秀女排运动员成长与培养的环境因子中，体育制度的重要程度认为在一般以上的人数为 100.00%，政治条件为 25.71%，经济条件为 65.71%，时代需求为 88.58%。政治条件的重要程度是三者中最低的，可见优秀运动员们认为政治条件对她们的成才影响不是很大。三者重要程度的卡方检验结果。$P=0$，说明重要程度的差异存在非常大的显著性。在社会条件因子中，大部分优秀运动员对她们的成长与培养更看重的是体育制度。

4.1.6 身体选材因子分析

选材是根据各项运动的特点和要求，以科学的方法对人进行测试和鉴别，准确地选出那些条件优越、适合从事某项运动并有较大发展前途的潜在人才。

实践证明，不是每个人都能成为优秀的高水平运动员，体育竞技人才必须具有优越的先天素质条件。特别是在科学高速发展的时代，各国的训练条件和训练方法差距越来越小，相比之下，人的先天条件对于掌握运动技术和提高竞技能力就显得尤为重要。现今体育科学研究表明，人的身体形态、运动素质和生理机能发展情况是决定运动成绩的决定因素。研究数据因子分析结果表明，优秀运动员成长与培养的身体选材因子包括身体形态、运动素质、生理机能三个变量。

身体形态指人体表面的特征。它包括体长、体宽、体围、体重及身体各部比例关系。由于各项指标的比例关系不同，形成了每个人身体形态的个体差异，也就是每个人的身体形态特征。每个人的身体形态不仅反映他的外表形态，还体现出他的发育水平、营养状况和适宜从事某项运动的能力。在身体形态重要程度选择中，认为对优秀运动员成才非常重要的人数占 42.86%，认为比较重要的占 51.43%，认为一般的占 5.71%。可见，大部分的优秀运动员认为身体形态对运动员成才是非常重要的。

运动素质包括一般运动素质和专项运动素质两个方面，一般运动素质是发展专项运动素质的基础，是各项运动员都应具备的基本素质；专项运动素质是根据专项的特点而定的，运动员的身体选材一般是指运动员的一般身体素质。认为运动素质重要程度选择方面非常重要的占 31.43%，认为比较重要的占 68.57%，认为竞技能力重要性为一般以上的占 100%，优秀运动员普遍认为运动素质与身体形态均是影响自身成才的重要因素。

生理机能是指人体的各器官在活动时所表现的能力水平及发展潜力。人体各器官的生理机能状态及可能达到的最高水平、对运动员身体素质的发展和运动能力的提高有极大地影响作用。在运动员的选材中应重视生理机能的选材。在生理机能重要程度的选择中，认为对优秀运动员成才非常重要的优秀运动员人数占 25.71%，认为比较重要的占 40%，认为一般的占 34.29%。优秀运动员认为生理机能对自己的成才是比较重要的，认为一般及以上的人数达到 100%。这说明，优秀运动员普遍认识到生理机能的重要作用。

在身体选材因子中，身体形态、运动素质和生理机能三者重要程度的卡方检验结果 $P=0.01$，说明它们的差异具有显著性。可见，优秀运动员的身体选材中，运动素质和身体形态在身体选材因子中占有相对重要地位，但同时，我们也应重视生理机能在选材中的作用，以全面评量运动员的身体条件。表 4.10 所列为身体选材因子重要程度分析。

表 4.10 身体选材因子重要程度分析

题 项	非常重要		比较重要		一 般		不太重要		非常不重要	
	人 数	百分比	人 数	百分比	人 数	百分比	人 数	百分比	人 数	百分比
身体形态	15	42.86%	18	51.43%	2	5.71%	0	0.00%	0	0.00%
运动素质	11	31.43%	24	68.57%	0	0.00%	0	0	0	0
生理机能	9	25.71%	14	40.00%	12	34.29%	0	0.00%	0	0.00%
P	0.01**									

注：** 表示 $P<0.01$ 水平。

4.1.7 德育结构因子分析

德育指有目的、有计划地对社会成员在政治、思想与道德等方面施加影响的活动。德育过程就是指根据目的、任务，运用科学的方法，将德育的要求内容传授给受教育者，使其变为自身的内在需要和自觉的行动过程①。结构乃框架、组合、排列的顺序，不同的组合和排列的顺序组成各种不同的框架结构。德育结构是社会成员在政治、思想、道德方面的结构框架，是人才应具备的政治品质、道德品质、心理品质，由此而组成的框架内容和排列方式。

高水平优秀女排运动员成长与培养影响因素德育结构因子包括道德品质和心理品质。其中，道德品质包括人际关系和体育道德品质两方面，心理品质包括性格类型和兴趣爱好程度两方面。

伦理道德品质是在社会生活和家庭生活中，人与人之间关系的准则。在这些关系中，对人才成长关键的是在工作中人与人之间关系的处理。高水平优秀女排运动员成长与培养人际关系影响因素包括与教练员的关系和与同辈队友的关系两方面。在与教练关系的重要程度选择中，有 25.71%的优秀运动员认为它对自己的成才非常重要，有 62.86%的优秀运动员认为比较重要，有 11.43%的优秀运动员认为一般。由数据可见，认为与教练的关系对自身成才影响较大的人数占 85%以上，高水平优秀女排运动员普遍认为与教练的人际关系的处理对自身的成才起着非常重要的作用。教练员与运动员的人际关系属性范围较大，同时属于上下级关系、合作关系、非对抗性关系、长期的人际关系、从属的人际关系。因此，在运动员的成长与培养过程

① 李艳华，于津. 论运动员的德育过程[J]. 佳木斯大学社会科学学报，1999(2)：52.

中教练员和运动员都要正确处理好彼此间的人际关系，为达到共同的目标而奋斗。

在与同辈队友关系重要程度的选择中，25.71%的优秀运动员认为正确处理好与同辈队友之间的关系对于她们的成才是非常重要的，42.86%的优秀运动员认为比较重要，31.43%的优秀运动员认为一般。与同辈队友的人际关系属于合作关系但又属于竞争关系，正确处理与队友的人际关系能够促进大家共同进步并实现目标。反之，与同辈队友的关系不和谐，将会给自己的训练和成长造成不必要的麻烦，不仅影响到自身的情绪，也可能造成恶性的竞争，不利于整个训练队伍的发展。因此，与同辈队友的人际关系处理对优秀运动员的成长是非常重要的。

人的道德品质优劣，不仅表现在人际关系的处理上，还集中体现在职业道德修养上。职业道德修养是在一定执业范围内对人的特殊道德要求。各行各业都有自己的道德要求。在体育道德品质的重要程度选择中，22.86%的优秀运动员认为体育道德品质对自己的成才非常重要，65.71%的优秀运动员认为比较重要，11.43%的优秀运动员认为一般。高水平优秀女排运动员对于体育道德品质的重要程度选项是比较高的，中国女排队员都非常重视自己的职业道德素养，而良好的职业道德修养和高尚的道德情操将有利于运动员的全面发展。

在当今训练手段科学化日趋完善的情况下，高水平运动员身体素质、技术水平差距逐渐缩小，谁能在世界大赛中获得冠军很大程度上取决于个性心理品质的水平。高水平优秀女排运动员认为对自己的成才重要的个性心理品质包括对项目的热爱程度和自己的性格类型。在性格类型重要程度的选择中，有17.14%的优秀运动员认为性格类型对自己成才非常重要，65.71%的优秀运动员认为比较重要，11.43%的优秀运动员认为一般，5.71%的优秀运动员认为不太重要。

在对项目的热爱程度选择中，有31.43%的优秀运动员认为对项目的热爱程度对自己成才非常重要，62.86%的优秀运动员认为比较重要，5.71%的优秀运动员认为一般。运动员对项目的热爱程度越高，训练的积极性就越高，成才的概率就越大。在高水平优秀女排运动员的调查中发现，几乎所有的优秀运动员都认为对项目的热爱程度对自己的成才比较重要。

德育结构因子五个变量中，优秀运动员都认为在她们的成才过程中对项目的热爱程度相对于其他选项更重要，其次处理好与教练和同辈队友关系排在第二位，再次是体育道德品质，最后是性格类型。重要程度卡方检验结果为 $P=0.073$，五个变量重要程度的差异不具有显著性。说明德育结构内部五种变量的重要程度差异不显著,都是影响优秀运动员成才的重要因素。表4.11所列为德育结构因子重要程度分析。

表 4.11 德育结构因子重要程度分析

题 项	非常重要		比较重要		一 般		不太重要		非常不重要	
	人 数	百分比	人 数	百分比	人 数	百分比	人 数	百分比	人 数	百分比
与教练的关系	9	25.71%	22	62.86%	4	11.43%	0	0.00%	0	0.00%
与同辈队友的关系	9	25.71%	15	42.86%	11	31.43%	0	0.00%	0	0.00%
体育道德品质	8	22.86%	23	65.71%	4	11.43%	0	0.00%	0	0.00%
性格类型	6	17.14%	23	65.71%	4	11.43%	2	5.71%	0	0.00%
项目热爱程度	11	31.43%	22	62.86%	2	5.71%	0	0.00%	0	0.00%
P	0.073									

4.1.8 管理因子分析

运动员的预测是指一定的范围和时间内,对人才的发展趋势、人才的需求量和人才的构成情况进行科学的预见。运动员的规划是指各体育部门对体育竞技人才今后一定时间内,根据竞技人才的需求所制定的培养目标和使用的详细计划。

体育人才的预测和规划是人才管理工作的一个重要环节,它涉及人才队伍发展的大问题。在管理因子方面,运动员预测与规划重要程度的选择中,有8.57%的优秀运动员认为非常重要,有57.14%的优秀运动员认为比较重要,有34.29%的优秀运动员认为一般。

运动员流动与调节有利于提高优秀运动员的竞争意识,充分发挥运动员的智能优势,即调节人才结构,也避免了人才浪费。优秀运动员流动可以按竞技体育人才市场的供给划分为可完全替代的人才流动和不可完全替代的人才流动,即稀缺的著名运动员。在影响优秀运动员成才因素重要程度的选择中,有14.29%的优秀运动员认为运动员流动与调节非常重要,有57.14%的优秀运动员认为比较重要,有28.57%的优秀运动员认为一般。

在优秀运动员成长与培养影响因素管理因子里面,运动员流动与调节的重要程度高于运动员预测与规划,两者重要程度的卡方检验结果为 $P=0.711$,说明差距不具有显著性,两者均是影响优秀运动员成长与培养的重要管理因素。表4.12所列为管理因子重要程度分析。

表 4.12　管理因子重要程度分析

题　项	非常重要		比较重要		一　般		不太重要		非常不重要	
	人　数	百分比	人　数	百分比	人　数	百分比	人　数	百分比	人　数	百分比
运动员预测与规划	3	8.57%	20	57.14%	12	34.29%	0	0.00%	0	0.00%
运动员流动与调节	5	14.29%	20	57.14%	10	28.57%	0	0.00%	0	0.00%
P	0.711									

4.2　高水平优秀女排运动员成长与培养情况分析

4.2.1　高水平优秀女排运动员运动经历分析

4.2.1.1　高水平优秀女排运动员成长与培养各阶段年龄分析

从儿童抓起、系统训练、全面打好基础是人们熟知的培养优秀体育人才的基本规律，运动寿命受年龄和体力等生理因素制约，因此必须要从小抓起。

高水平优秀女排运动员的排球训练启蒙年龄最大的 13 岁，最小的 8 岁，平均启蒙年龄是 10.8 岁。高水平优秀女排运动员进入各省市队的年龄，最大的为 16 岁，最小年龄为 15 岁，平均年龄为 15.3 岁。入选国家队是高水平优秀女排运动员进入运动鼎盛时期的开始。高水平优秀女排运动员进入国家队年龄最大的是 21 岁，最小的是 16 岁，平均年龄是 18.26 岁。获得世界冠军是运动员竞技生涯的最高竞技成绩，高水平优秀女排运动员第一次获得世界冠军的最大年龄是 24 岁，最小年龄是 22 岁，平均年龄是 22.6 岁。高水平优秀女排运动员最大的退役年龄是 33 岁，最小的是 26 岁，平均退役年龄是 29.6 岁，退役的原因主要是集中在运动竞技状态下降、不能保持高水平、伤病、出国打球、生育、没有上场机会等几个方面。表 4.13 所列为高水平优秀女排运动员成长与培养训练过程各阶段年龄分析。

表 4.13　高水平优秀女排运动员成长与培养训练过程各阶段年龄分析

	最大年龄/岁	最小年龄/岁	平均年龄/岁
启蒙年龄	13	8	10.8
入省市队	16	15	15.3

续表 4.13

	最大年龄/岁	最小年龄/岁	平均年龄/岁
进入国家队年龄	21	16	18.26
第一次获得世界冠军年龄	24	22	22.6
退役年龄	33	26	29.6

4.2.1.2 高水平优秀女排运动员训练过程阶段年龄特征分析

优秀运动员成才是一个长期的系统过程，运动员从开始参加训练，经过系统培训直至达到个人的竞技高峰，再到终止竞技训练活动是一个完整的训练过程。这一过程通常会持续十几年甚至二十几年，这个过程有明显的阶段和年龄特征。田麦久[①]教授总结了不同运动项目优秀运动员多年训练过程年龄特征，把运动员的多年训练过程分为基础训练阶段、提高训练阶段、最佳竞技阶段以及竞技保持阶段。

本研究以此为划分依据来探讨高水平优秀女排运动员的运动阶段年龄特征。基础训练阶段，是指从进入业余体校训练到进入省队或开始参加甲 A 联赛以前这段时间。提高训练阶段是指从开始打甲级联赛到成为国家队队员的阶段。最佳竞技阶段，是从首次成为国家队队员以后开始，到退出国家队的阶段。竞技保持阶段，从退出国家队到正式退役的阶段。而最佳竞技阶段又是优秀运动员成长与培养的最重要的核心阶段，也是评价运动员成绩和竞技水平的重要标准之一，基础训练阶段和提高训练阶段是为最佳竞技阶段服务的，竞技保持阶段是最佳竞技阶段的延伸。表 4.14 所列为高水平优秀女排运动员运动阶段年龄特征分析表。

高水平优秀女排运动员基础训练阶段，最常训练年限是 7 年，最短的是 2 年，平均训练年限为 3.94 年。在提高训练阶段，最长年限为 5 年，最短为 1 年，平均年限为 2.63 年。在最佳竞技阶段，最长年限为 10 年，最短年限为 2 年，平均年限为4.68 年。在竞技保持阶段，最长年限为 5 年，平均年限为 2.56 年。

① 田麦久. 运动训练学[M]. 北京：人民体育出版社，2000.

表 4.14 高水平优秀女排运动员运动阶段年龄特征分析表

年 限	基础训练阶段	提高训练阶段	最佳竞技阶段	竞技保持阶段
最长年限/年	7	5	10	5
最短年限/年	2	1	2	0
平均年限/年	3.94	2.63	4.68	2.56

田麦久教授在《论运动训练过程》一文中指出，运动员训练过程各阶段的训练年限依次是基础训练阶段 3～5 年，提高训练阶段 4～6 年，最佳竞技阶段 4～8 年，竞技保持阶段 2～5 年。① 由此可见，在高水平优秀女排运动员在基础训练阶段、最佳竞技阶段和竞技保持阶段的训练年限是与运动训练学比较符合的，但在提高训练阶段，高水平优秀女排运动员的训练年限相对较短。高水平优秀女排运动员的训练过程存在提高训练阶段年限过短的问题，这种现象会导致运动员最佳竞技阶段年限过短，运动员运动寿命过短，从而造成体育人才的浪费。

4.2.2 高水平优秀女排运动员竞赛情况分析

体育有其自身的规律性和特点，而最鲜明的特点就是运动竞赛。竞赛是体育的重要组成部分，在特定的时空环境中，竞赛是体育活动中最主要的活动，各国经常以竞赛为轴心推动体育事业的迅速发展。竞赛是在裁判员的主持下，按统一的规则要求，组织与实施的运动员个体或运动队之间的竞技较量，是竞技体育与社会发生关联并作用于社会的媒介。运动员通过训练不断提高的竞技能力，只有通过运动竞赛的形式表现出来，才能得到社会的承认并满足社会成员的需求①。

一个运动员是否能够成为一名优秀运动员，与其参加赛事的级别、场次数量、比赛经验、把握比赛规律的能力和把握比赛机遇的能力是分不开的。因此，研究运动员参加比赛的规律能更好地帮助运动员成才。从某种程度而言，比赛也是一种高强度的训练，它有利于运动员提高专项素质和掌握高质量的稳定技术。与此同时，它是积累比赛经验和提高心理素质的有效途径，并且有助于促进训练质量和提高运动员的竞技状态。此外，无论是高水平和低水平运动员都需要比赛，这是因为比赛中的诸多感受是训练中无法体验和获得的。运动员在训练中，心理相对而言是比较放松的，而在大赛中运动员是在承受着巨大压力的情况下去完成比赛的。如比赛的准

① 田麦久. 运动训练学[M]. 北京：人民体育出版社，2000.

备活动、心理体验、处理应急问题、临场的随机应变等。所以，要想在比赛的环境、强度、心理和技术等方面达到比赛的要求，只能在比赛中去体验、积累、改进和提高。

排球作为对抗性项目，局面千变万化，这就更需要运动员具有丰富的比赛经验、临场发挥能力和把握比赛规律的能力等。一名优秀排球运动员的成长离不开比赛场次和经验的积累。从高水平优秀女排运动员参加世界大型赛事的级别可见，有100%的高水平优秀女排运动员参加过排球世界杯赛，有100%的运动员参加过世界女子排球锦标赛，有85.71%的运动员参加过奥运会，如图4.1所示。由图4.1可见，高水平优秀女排运动员的大赛经历和经验是比较丰富的，丰富的比赛经验是保证高水平优秀女排运动员取得好成绩的重要因素之一。

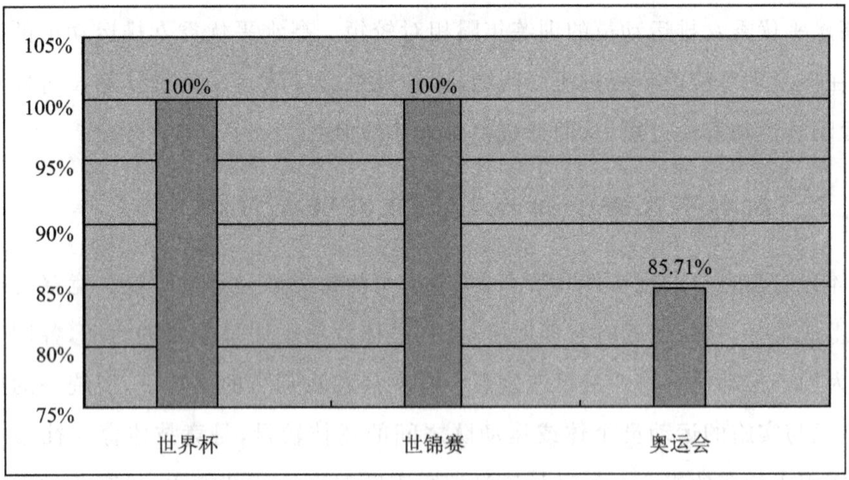

图4.1　高水平优秀女排运动员参加世界大型赛事级别

在影响优秀运动员成才因素参加洲际以上比赛年限的调查中，高水平优秀女排运动员认为最短的年限是2年，最长的年限是8年，平均年限是5.14年（见表4.15）。由此可见，高水平优秀女排运动员认为要使自己的竞技状态真正成熟需参加5年左右的洲际大型比赛。这样才可以使自己的竞技状态及心理状态达到最佳和稳定。在影响优秀运动员成才因素参加洲际以上比赛次数的调查中，高水平优秀女排运动员认为次数最少的是3次，最多的是50次，平均的次数是15次（见表4.15）。

表4.15　高水平优秀女排运动员认为最佳参赛年限和比赛次数

	最　短	最　长	平　均
年　限	2年	8年	5.14年
次　数	3次	50次	15次

从优秀运动员的参赛经验可以看出,高水平优秀女排运动员认为自身参加大型赛事的年限和经验是比较长的,也是比较重要的,现在以赛代练的训练理念也受到教练和学者的认同,丰富的大赛经验是影响和促进优秀运动员的一个重要因素之一。

运动竞赛是衔接运动训练的唯一途径,在竞赛中取得最佳成绩是运动训练的目的,也是衡量运动员成绩的最重要途径,运动成绩是通过竞赛进行检验的。比赛规律和比赛机遇对运动员取得优异的竞赛成绩至关重要,对比赛规律的把握能力和对比赛机遇的把握能力是优秀运动员应该具备的比赛实战能力。高水平优秀女排运动员对比赛机遇的把握能力是比较好的。在对比赛规律的把握能力方面,有51.43%的优秀运动员认为自己对比赛规律的把握能力非常好,有48.57%的优秀女排运动员认为自己对比赛规律的把握能力比较好。在比赛机遇的把握能力方面,有37.14%的优秀运动员认为自己对比赛机遇的把握能力非常好,有62.86%的优秀女排运动员认为自己对比赛机遇的把握能力比较好。

表4.16所列为高水平优秀女排运动员对比赛的把握能力调查。

表4.16 高水平优秀女排运动员对比赛的把握能力调查

	非常好		比较好		一 般		不太好		非常不好	
	人 数	百分比	人 数	百分比	人 数	百分比	人 数	百分比	人 数	百分比
比赛规律	18	51.43%	17	48.57%	0	0	0	0	0	0
比赛机遇	13	37.14%	22	62.86%	0	0	0	0	0	0
P	0.382									

在比赛的把握能力方面,优秀运动员的自我评价都比较好,对比赛规律的把握能力和对比赛机遇的把握能力两者的卡方检验结果为$P=0.382$,表明差异不具有显著性,说明高水平优秀女排运动员对比赛规律的把握能力和对比赛机遇的把握能力都比较好,两者不存在显著性差异。

4.2.3 高水平优秀女排运动员智能特点情况分析

运动智能是智能中的一种,是指运动员以一般智能为基础,运用包括体育运动理论在内的多学科知识,参加运动训练和运动比赛的能力①。研究优秀运动员的智能机构,对其的培养和使用有着十分重要的指导意义。具有较高运动智能的运动

① 田麦久.运动训练学[M].北京:人民体育出版社,2000.

员，在运动训练中能更准确地理解教练员的训练意图，以自觉的行为配合教练员高质量地完成预定的训练计划，善于正确地理解先进的合理的运动技术，在比赛中善于灵活地运用战术，更善于动员和控制自己的心理活动。调查结果表明，当前中国大部分教练员都能意识到运动智能的重要性，但往往缺乏经验和科学的提高运动智能的方法，这需要专门科研人员的指导。这反映出在运动员训练中，进一步加强对运动员的运动智能培养是不容忽视的重要问题①。

4.2.3.1 高水平优秀女排运动员智力情况分析

在影响优秀运动员成才智力因子重要程度方面，重要程度最高的是注意能力，其次是记忆能力。注意的分配和注意的转移是注意力的两个重要方面。表4.17所列为高水平优秀女排运动员智力能力的调查结果。

表4.17 高水平优秀女排运动员智力能力的调查结果

心理特点	非常好		比较好		一般		不太好		非常不好	
	人数	百分比	人数	百分比	人数	百分比	人数	百分比	人数	百分比
注意分配	24	68.57%	11	31.43%	0	0	0	0	0	0
注意转移	7	20.00%	28	80.00%	0	0	0	0	0	0
记忆能力	9	25.71%	26	74.29%	0	0	0	0	0	0
P	0.004**									

注：** 表示 $P<0.05$ 水平，** 表示 $P<0.01$ 水平。

注意的分配能力是指心理活动在同一时间内指向和集中于不同对象的能力。注意的分配在许多工作中都起着重要作用，排球运动在比赛场上要求运动员既要注意球的飞行路线，又要注意对方及本方队员的战术位置，项目特点要求运动员的注意力要有良好的分配性。在高水平优秀女排运动员注意分配能力的调查中，有68.57%的优秀排球运动员认为自己的能力非常好，有31.43%的优秀运动员认为能力比较好。可见，高水平优秀女排运动员的注意分配能力是相当好的，良好的注意分配能力是高水平优秀女排运动员获得最佳运动成绩的智力保障。

注意的转移能力是指有意识地把心理活动从这一事物转向集中于另一事物上的能力。注意的转移能力对人的各种活动都非常重要，运动训练和竞赛中都要求运

① 周志雄，王保成. 影响中国青少年田径运动员成长因素的研究[J]. 首都体育学院学报，2005，17(3)：25-27.

动员有较高的注意转移能力。排球运动比赛要求排球在本方场区击球三次必须过网，排球在双方之间的转换非常多，场上队员防反位置转换也比较快。因此，要求排球运动员的注意力必须在短时间及时转移，以关注随时变换的来球方向和场上队员的位置。在高水平优秀女排运动员注意转移能力方面，有20.00%优秀女排运动认为自己的注意转移能力非常好，有80.00%的优秀女排运动员认为自己的注意转移能力比较好。由此可知，高水平优秀女排运动员的注意转移能力也是比较突出的。

记忆是以识记、保持、再认识和回忆的方式对经验进行的反映。记忆是运动员重要的智力因素。在高水平优秀女排运动员记忆能力方面，有25.71%的高水平优秀女排运动员认为自己的记忆能力非常好，有74.29%的高水平优秀女排运动员认为自己的能力比较好。

综上所述，从三种智力特点的表现来看，高水平优秀女排运动员的智力特点是比较好的，其中注意的分配能力是三者中是最好的，其次是记忆能力，最后是注意的转移能力。三种智力特点能力的卡方检验结果为$P=0.004$，说明差异存在显著性。在对高水平优秀女排运动员智力特点调查中，注意的分配能力要明显高于注意的转移能力和记忆能力。运动智力较高的运动员能够较好地把握本专项的项目特点和竞赛规律，对于运动训练方法和手段有着更深刻的认识和体验，也能够迅速和准确地理解教练员的训练目的与战术意图，在竞技比赛中更能够有利地发挥已有的竞技水平。因此，教练员和运动员要高度重视运动员的智力能力培养，以帮助运动员达到较高的竞技水平。

4.2.3.2　高水平优秀女排运动员知识结构情况分析

初、中级体育竞技人才应以掌握基础文化知识为主，具有初中以上文化水平，基础知识由语文、数学、物理、化学、生物、常识、伦理、历史、地理等组成。运动员应在此基础上，重点学习和掌握体育基础知识和专项运动知识，体育竞技人才的层次越高，体育专业知识应该越丰富。如果运动员不具备上述基础知识，达不到初中以上文化水平，就很难掌握和理解专项运动的基础知识和基本技术，由此将给掌握高难度的运动技术带来一定的困难。运动员文化素质过低，不但不利于提高运动技术水平和发展成为高层次的体育竞技人才，也不利于转业以后的工作安排和未来的发展①。

现代排球运动不仅是运动员的高度、力量、技术、心理的较量，而且是建立在多学科知识之上的全面竞争。1981年组建的美国男子排球队，运动员大多数来自各大学，有良好的知识结构作保证，经过一年的努力，一举夺得世界冠军，并首创2人接发球、摆动进攻等新的技、战术打法，成为继苏联男排之后第二个连续取得“三连冠”战绩的男队②。可见，运动员的文化素质将影响竞技水平的提高。我们必须加强优秀运动员的文化教育工作，努力培养文化学习合格勇攀世界竞技体育高峰的新型体育人才。

高水平优秀女排运动员在获得最好成绩时的最低学历是高中，最高学历是本科。在退役或获得世界冠军后有相当一部分运动员继续进行文化再教育，高水平优秀女排运动员现在最高的学历是研究生。高水平优秀女排运动员在获得最佳运动成绩时的基础文化知识是高于体育人才学所介绍的初中文化水平的，高中以上的文化水平有利于高水平优秀女排运动员对训练方法、教练员意图、排球专业知识的掌握，有利于她们运动竞技水平的提高。随着社会的发展和时代的进步，现今的研究表明大专、本科以上的文化水平才能满足体育竞技人才的发展需要。很多高水平优秀女排运动员都认识到这一点。在运动员退役或获得世界冠军后，很大一部分高水平优秀女排运动员都对自己的文化水平进行提高，例如郎平、张娜、杨昊、宋妮娜等运动员都在国外或国内进行了硕士研究生的教育，提高自己的专业理论水平或执教能力水平，为自己能够继续从事排球事业打下良好的基础。高水平优秀女排运动员的学历情况如表4.18所列。

表4.18 高水平优秀女排运动员学历调查结果

时　间	中　专	高　中	大　专	本　科	硕　士	博　士
获得最佳竞技成绩时	0.00%	25.71%	8.57%	65.72%	0.00%	0.00%
现在	0.00%	0.00%	0.00%	74.29%	25.71%	0.00%

体育科学知识是体育人才必备的专业知识，专业知识水平越高，人才的层次越高，专业知识水平直接关系着体育竞技人才的水平和层次。高水平优秀女排运动员认为自己对专业技能知识掌握得非常好的人数占68.57%，认为掌握得比较好的占31.43%，如图4.2所示。由此可见，高水平优秀女排运动员对专业技能知识掌握得

① 赵桂银，王正欧.体育人才学[M].北京：人民体育出版社，1993.

② 戴云鹏，李艳丽.优秀排球运动员竞技能力结构特征[J].保定师范高等专科学校学报，2000,17(2):46-47.

非常好，高水平优秀女排运动员非常重视自己的排球专业技能知识，这也反映出专业技能知识越丰富，竞技能力也就掌握越好。

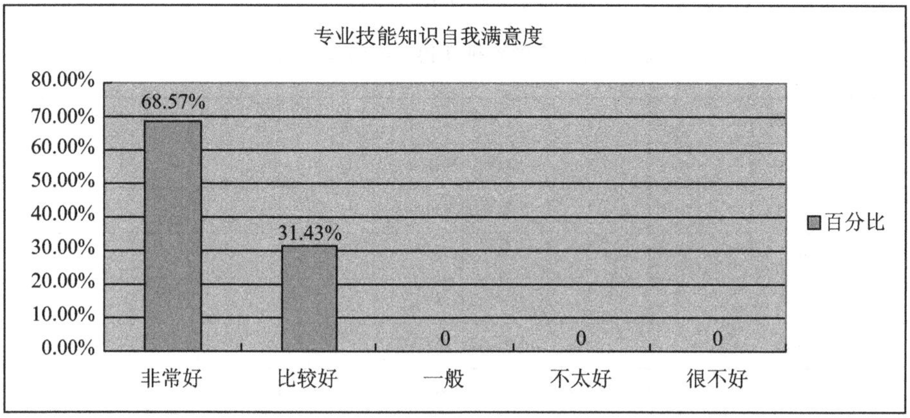

图 4.2 高水平优秀女排运动员专业技能知识自我满意度的调查结果

4.2.4 高水平优秀女排运动员成长的社会条件情况分析

社会条件主要包括社会的经济基础、社会的科技和文化水平、社会的政治背景等。研究优秀运动员成长的社会环境，有利于国家制定人才培养政策，为运动员创造有利的社会条件。

中国女排获得世界冠军的时间分别集中在 1981—1986 年，2001—2004 年。中国女排从 1976 年开始重组后，在短短的四年内取得 1981—1986 年“五连冠”的辉煌成绩，但在 1988 年汉城奥运会中失利，又相继在 1992 年巴塞罗那奥运会和 1994 年世界锦标赛中遭遇惨败。1995 年郎平回归并带领中国女排在 1995—1998 年重新冲出谷底。1999 年国际排联在开始实行“自由人”规则后，1999—2000 年女排再次滑落到了第 5 名。2001 年新一届中国女排以新人为主，在 2003 年世界杯夺回了阔别 17 年之久的冠军奖杯，2004 年再次夺冠。

改革开放 30 年以来的中国体育分为 3 个阶段：第一阶段是 1978—1992 年，中国体育进入改革开放时期；第二阶段是 1992—2001 年，社会主义市场经济为体育事业注入新活力；第三阶段是 2001—2008 年，全面建设小康社会和北京奥运会带动中国体育事业大发展。中国女排获得世界冠军的时间段与中国体育发展的时间段基本吻合。本研究根据中国女排获得世界冠军的时间和中国政治经济的发展道路，对中国女排的社会条件因子分三个时间段进行分析，实际段划分分别是：1978—1992年、1992—2001年、2001—2008年。

表4.19所列为中国女排获得世界冠军的时间。

表4.19　中国女排获得世界冠军的时间

年　份	大赛名称	排　名
1981	排球世界杯赛	1
1982	世界排球锦标赛	1
1984	奥运会	1
1985	排球世界杯赛	1
1986	世界排球锦标赛	1
2001	大冠军杯赛	1
2003	排球世界杯赛	1
2003	世界排球大奖赛	1
2004	奥运会	1

4.2.4.1　第一阶段：1978—1992年

在社会政治方面，20世纪70年代末，国内外吹来两股强劲的东风，国内是1978年12月党的十一届三中全会做出改革开放的历史性决策，国外是1979年10月国际奥委会恢复了中国的合法地位，世界大门已向中国敞开。在两股强风的吹送下，20世纪80年代的中国体育全面登上了世界舞台。党的十一届三中全会实现了党的思想路线、政治路线、组织路线上的拨乱反正，恢复了民主集中制，做出了改革开放的重大决策，从而使国家冲破了“左”倾错误的严重束缚，开始了中华人民共和国成立以后具有深远历史意义的伟大转折。

在市场经济方面，改革开放以来，在党和政府的关怀下，特别是在中国女排屡创佳绩的鼓舞下，国内排球竞赛活动开展得如火如荼，形式多种多样，全国排球甲、乙级联赛、全国排球锦标赛、以及全运会排球赛都是国内大型排球赛事。20世纪80年代初，人们就开始认识到，排球要适应社会潮流的发展，排球在推向市场时不能再保持原有的业余性质，必须走职业化的道路，职业化代表着排球运动发展的趋势，巨额奖金促使比赛更加精彩，激烈的比赛不但能吸引广大观众，而且能创造出更好的经济效益，这种目标在意大利得到了实现。20世纪80年代，老女排的忠实球迷和《排球女将》的忠实影迷逐渐形成了全国排球联赛的主体观众。

在体制方面，20 世纪 70 年代末期以后，国家根据自身的政治体制和经济体制，提出了全国一盘棋的思想。政府通过行政计划手段的优势，以国家资源作为后盾，以后发优势作为条件，形成以国家体委为中心的管理体制，专业运动队为中心的训练体制和全运会为中心的竞赛体制，实现了中国竞技体育跨越式的发展，充分发挥举国体制的优势，在普及与提高相结合的基础上侧重抓提高，促使排球竞技水平的提高，从而赶超世界先进水平。

在社会需求方面，1980 年年初，鉴于参加莫斯科奥运会的任务迫在眉睫，国家体委在给中共中央的请示报告中提出，将加速提高中国运动技术的整体水平作为今后一个时期内体育工作的主要任务。这个报告实际形成了中国改革开放以来第一个体育发展战略，即在 20 世纪 80 年代，中国体育的总体战略是以发展高水平竞技为先导，带动体育事业全面发展。

4.2.4.2 第二阶段：1992—2001 年

在政治方面，1992 年年初，邓小平同志就坚定不移地贯彻执行党的基本路线、坚持走有中国特色的社会主义道路、抓住有利时机、加快改革开放步伐、集中精力把经济建设搞上去等一系列重大问题，提出重要观点。同年 10 月，中国共产党召开了第十四次全国代表大会，提出了社会主义市场经济理论，确立了社会主义市场经济体制的改革目标。邓小平同志“南方谈话”和党的十四大精神，为 20 世纪 90 年代的体育改革进一步深化指明了方向，奠定了思想基础。

在经济方面，这一时期是中国体育在社会主义经济体制改革大背景下探索改革道路的时期。经过十年的经济体制改革和加速发展，到 1989 年年底 GDP 达到 1978 年的 4.67 倍，人均 GDP 增长近 4 倍。在经济实力大增的同时，1990 年中国迎来了第十一届北京亚洲运动会的举办。面向市场，走向市场，以产业化为方向的改革发展思路，成为这一时期中国体育改革的指导性文件。市场化性质的职业联赛由此启动。体育产业在这一时期异军突起，以体育竞赛表演、体育健身休闲、体育产品制造、体育博览与会展、体育赛事转播、体育传媒、体育中介、体育广告策划和体育彩票等为主体的体育产业发展迅速，成为第三产业中的支柱产业之一。

在体制方面，必须坚持和完善举国体制是这一时期体育制度的指导思想。大力促进和推动竞技体育的社会化、产业化和职业化，形成多元竞技体育体制，市场经济和举国体制协调发展的思想。这一时期体育改革的重点：一是探索竞技体育运动项目职业化的发展道路，二是探索市场经济条件下体育产业发展的模式。

20世纪80年代末90年代初，世界各地排球已十分普及，但由于我们四年一届的全运会的金牌大战和奥运战略的实施，各省市体委对投入多、收益少的集体项目采取了压缩政策，排球运动的发展受到了严重影响。1995年，国家体委召开了重振排球雄风研讨会，指出今后女排要面对现实，要承认落后，下决心重振排球。1996年，在天津召开的全国排球工作会议上，确定了以赛制改革为排球项目改革突破口的基本方针。同年年底，首届采用主客场赛制的全国排球联赛隆重推出，拉开了排球运动项目竞赛体制改革的序幕。新的竞赛制度以全国排球联赛和全国排球优胜赛取代了过去的全国排球甲、乙级联赛升降级制度，初步形成了以全运会为主导，全国排球联赛为最高层次，全国锦标赛、优胜赛和全国青少年联赛为基础，各级各类邀请赛为辅助的竞赛体制。但全运会排球赛与全国排球联赛等赛事之间的关系尚没有完全理顺，全国排球联赛自身的赛季长度和赛制也还存在一定的问题，有待在实践中做进一步的调整和完善。

4.2.4.3 第三阶段：2001—2008年

改革开放以后，中国的社会主义建设取得了巨大成就，到21世纪初，实现了邓小平同志提出的现代化建设三步走战略的第一步、第二步目标，人民生活总体上达到了小康水平。在十七大提出的全面建设小康社会的目标中，包括到2020年要使全民族的健康素质明显提高，形成比较完善的全民健身体系，要努力办好2008年北京奥运会。在党的正式文件中把体育方面的内容列入党和国家的发展目标，充分体现了体育在新时期经济社会发展中的重要作用和地位，也为体育事业的发展开辟了更加广阔的前景。北京奥运会申办成功以后，党中央国务院高度重视，全国人民大力支持，中国体育事业迎来了新的重大发展机遇，在科学发展观的统领下，体育事业得到了全面快速的发展。

在这一阶段，体育产业发展迅速。21世纪以来，中国体育产业迅速发展，规模不断扩大，结构日益规范、合理，逐步形成了以健身服务业、竞赛表演业、体育用品为主要内容的产业体系。体育产业的发展为体育事业注入了新的强大动力，为不断满足群众多元化体育需求提供了新的有效途径，同时极大地带动了旅游、建筑、通信、新闻出版等相关产业的发展，促进了社会就业，其带来的效应已经远远超出了体育的范畴。体育产业在国民经济中的地位日益提高，正逐步成为国民经济中新的增长点，呈现出巨大潜力和广阔前景。

北京奥运会在全国掀起了新的体育热、奥运热和爱国热。中国体育健儿与各国运动员的高超技艺、顽强作风和文明友好的举止对奥林匹克精神进行了精彩演绎，使更高、更快、更强的奥林匹克格言和团结、友谊、进步的奥林匹克宗旨家喻户晓、深入人心，使体育成为全社会的关注焦点和热门话题，奥林匹克知识和体育知识得到广泛普及。北京奥运会掀起的空前的体育热潮，必将产生巨大的长期效应，对群众体育、竞技体育和体育产业等各项体育事业的发展产生全面而深刻的影响。

中国女排的每一次滑坡和辉煌都和国家的方针政策、管理体制、指导思想、科研能力、教练员和运动员的水平、后备力量、精神动力等密不可分。良好的社会条件能够帮助女排再次问鼎世界冠军。

4.2.5　高水平优秀女排运动员训练情况分析

运动训练是竞技体育活动的重要组成部分，是为提高运动员的竞技能力和运动成绩，在教练员的指导下，专门组织的有计划的体育活动。影响高水平优秀女排运动员成长与培养的训练因子主要包括教练员因素、训练方法手段因素、训练条件因素三个方面。

4.2.5.1　教练员在高水平优秀女排运动员成长与培养过程中的作用

竞技体育教练员是竞技体育环链结构中重要的一环，教练员的文化结构、对所从事专项的理解认知程度、执教经历、执教水平，以及敬业精神等综合能力对竞技体育总体实力的发展有着决定性的作用。教练员是训练过程的主要设计者，是训练活动的主要组织者。教练员平时与运动员接触时间最长，最了解运动员的身体、生活、思想活动，最了解运动员的训练水平和竞技状态。因此，教练员对运动员的成长和培养起着非常重要的作用。优秀的教练员可以促进运动员的成才；反之，不负责任的教练员则会阻碍运动员的健康发展。

通过调查在获得世界冠军时教练员对高水平优秀女排运动员成才的作用发现，有51.44%的女排优秀运动员认为教练员对自己的成长和成才有非常大的作用，有31.43%的高水平优秀女排运动员认为教练对自己成才的作用比较大。但仍有部分优秀女排运动员认为教练员的作用一般，认为作用一般的人数占11.42%，认为作用不太大的人数占5.71%。高水平优秀女排运动员从接受业余训练开始，到进入国家队期间会接触很多名教练，每位教练员都有自己的执教风格，对每位运动员的影响程度和影响方面也不尽相同，因此，在对优秀女排运动员进行教练员作用调查时，调查结果存在不同。但整体上，教练员对大部分优秀女排运动员的成长和成才作用是非常大的。

图4.3所示为教练员对高水平优秀女排运动员成长与培养的作用的调查结果。

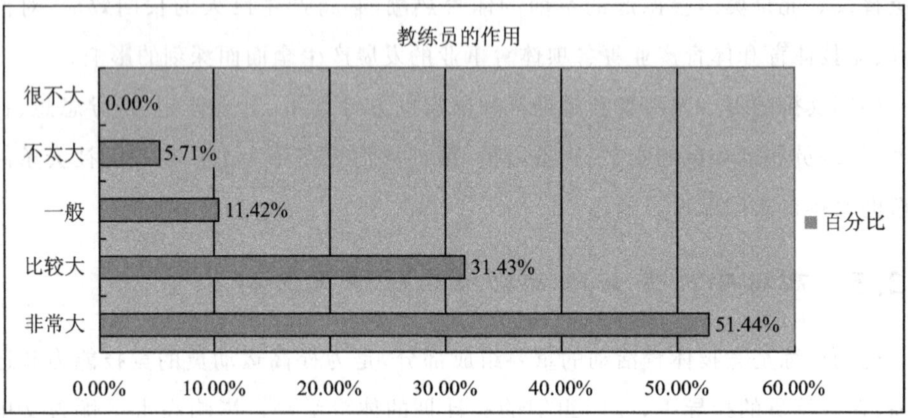

图4.3 教练员对高水平优秀女排运动员成长与培养的作用

由图4.3可见，运动员在成长过程中，优秀教练员的指导有利于运动员的成才。教练员对运动员的影响是多方面的。本研究发现，教练员对高水平优秀女排运动员的影响主要集中在提高技战术、敬业精神、如何做人，以及如何面对困难四个方面。帮助运动员提高技战术水平属于教练员的执教水平，要求教练员具有坚实的专业知识和全面的基础理论知识，并且有熟练的专项训练操作能力与创新能力。敬业精神、如何做人和如何面对困难三个方面属于教练员的人文素养，要求教练员具有强烈的事业心、奉献精神和高尚的道德情操，同时要有勇于面对困难和挑战、坚韧不拔的意志。

高水平优秀女排运动员都认为教练员能够帮助她们提高技战术水平，有82.86%的高水平优秀女排运动员认为教练员的敬业精神对她们影响较大，有51.43%的高水平优秀女排运动员认为在如何做人方面教练员对她们的影响较大，有37.14%的高水平优秀女排运动员认为在如何面对困难方面教练员对她们影响较大，如图4.4所示。由此可见，教练员在高水平优秀女排运动员的成长过程中不仅在技战术方面对她们有帮助，在生活和精神方面对运动员的影响也较大。因而教练员在提高自己的执教水平的同时，既要注意自身的人文素养，也要具备完善的素质，只有这样才能更好地促进优秀运动员在竞技能力和社会生活中的成长发展。

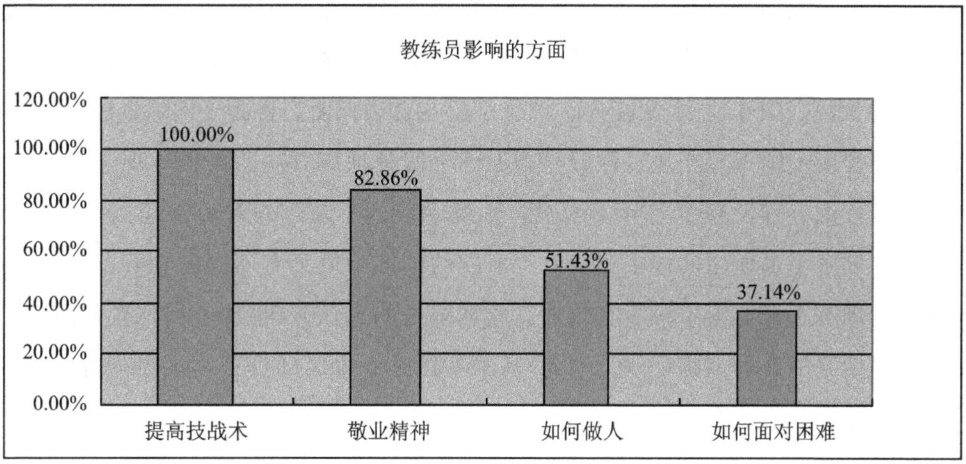

图 4.4　教练员对高水平优秀女排运动员影响方面的比较

4.2.5.2　运动训练方法和手段情况分析

运动训练方法是在运动训练活动中，提高竞技运动水平、完成训练任务的途径和方法。在运动训练过程中，运动训练方法是教练员进行训练工作、完成训练任务、提高运动员竞技能力的应用工具。现代竞技运动的发展表明：运动训练方法的不断创新和科学运用，对推动各项运动整体发展水平的作用是巨大的。高水平优秀女排运动员认为训练方法非常合理的占 20.00%，认为比较合理的占 62.86%，认为合理程度一般的人占 17.14%，如表 4.20 所列。从调查中发现，认为训练方法合理以上的人数占到 80.00%，这说明绝大多数优秀女排运动员认为训练方法合理。由于排球是集体项目，同队的人数较多，队内每个人的位置不同，所需要的训练方法也存在不同，排球项目训练不能像个人项目训练那样可以方便地有针对性地随时进行调整，而只能选择适合全队的训练方法，同时针对个人进行调整。因此，在训练方法的选择上相对于个人项目要复杂，要选择完全适合全队队员需求的训练方法也存在难度，这也是造成极少数高水平优秀女排运动员认为训练方法一般的原因之一。但正确地认识并掌握不同训练方法的功能和特点，有助于顺利完成运动训练过程中不同时期的训练任务，有助于有效地控制各种竞技能力的发展过程，有助于科学地提高不同位置排球运动员的整体竞技能力。

运动训练手段是指在运动训练过程当中，以提高某一竞技能力、完成某一具体训练任务所采取的身体练习，是具体的有目的的身体活动方式，是运动训练方法的具体体现。在高水平优秀女排运动员训练方法的手段调查中发现，认为训练手段合理以上的人数占100%，见表4.20。训练手段在合理程度上要高于训练方法，但在两者的合理程度上则不存在显著性差异。训练手段是训练方法的具体体现，训练方法和训练手段的合理性程度差异不明显。训练手段的不断创新和科学运用对推动竞技运动发展水平的作用同样十分巨大。不同的训练手段具有不同的功效，科学地运用不同的训练手段有助于科学有效地完成训练目的和任务，排球不同位置的运动员要选择灵活且适合的训练手段。因此，高水平优秀女排运动员普遍认为当时的运动训练手段比训练方法合理。

表4.20　高水平优秀女排运动员认为当时的运动训练手段和训练方法合理程度调查

题　项	非常合理		比较合理		一　般		不太合理		很不合理	
	人　数	百分比	人　数	百分比	人　数	百分比	人　数	百分比	人　数	百分比
训练方法	7	20.00%	22	62.86%	6	17.14%	0	0	0	0
训练手段	7	20.00%	28	80.00%	0	0	0	0	0	0
P	0.189									

4.2.5.3　运动训练条件情况分析

环境变化对运动技能的发展有着一定的影响，环境条件的限制对运动技能的发展起着促进或妨碍的作用。运动员的训练环境可以分为两大类，一类是训练体制的大环境，另一类是运动员训练所需要的物质环境。

中华人民共和国成立以来，国家在政府主导下建起了层层衔接的三级训练网，竞技体育实现了超常规发展，取得了举世瞩目的成就。中国现在实行的是三级训练体制，包括中小学课外训练、业余体校和竞技运动学校的训练，以及优秀运动队的训练三个层次。中国排球训练体系也是三级训练体系，分析高水平优秀女排运动员的运动经历得知，高水平优秀女排运动员一般是从业余体校训练开始、到省市青年队或国家青年队、再到国家队。高水平优秀女排运动员认为当时的训练体制非常好的人数占5.71%，认为当时的训练体制比较好的人数占62.86%，认为当时的训练体制一般的人数占17.14%，认为当时的训练体制不太好的人数占14.29%。训练体制是运动员训练的大环境，是长期的训练网络，影响着一代甚至几代运动员的成长与培养，因此训练体制对运动员成长的作用是不容忽视的。虽然大部分高水平优秀女排运动员认为中国的排球训练体制比较好，但在其一定方面也存在不足，还需要进行改善和改革。

人才的成长都需要必要的物质基础作为保障，人的生存和发展都需要一定的物质条件。运动员的成长与培养需要的训练条件包括所需的场地、器材、仪器设备等训练物质条件的保障。良好的训练环境可以激发运动员的积极性，辅助提高运动员的训练水平，短缺的体育训练环境不仅制约着运动员的训练，而且容易给运动员的训练带来一定的危险性。现代化的先进训练方法和手段，例如核心训练、肌电训练和模拟高原训练等都需要先进的训练仪器和设备。如今的竞技体育竞争逐渐在向科技竞争靠拢，优秀的训练环境是优秀运动员取得优异运动成绩的保障。世界体育强国和体育发达国家的现代化训练场馆和设施都比较齐全和先进，在竞技体育竞争激烈的今天，高水平优秀女排运动员同样需要良好的训练环境作为保障。高水平优秀女排运动员中，认为当时的训练环境非常好的人数占31.43%，认为当时的训练环境比较好的人数占51.43%，认为当时的训练环境一般的人数占17.14%。中国女排获得世界冠军处于20世纪80年代初和2000年年初，虽然两个时代的社会经济差距较大，但在当时的体育训练环境背景下，中国女排的训练环境整体是不错的。可见，良好的训练环境是保障高水平优秀女排运动员成才的物质保障之一。高水平优秀女排运动员训练条件当中，训练环境和训练体制之间的差异不存在显著性，两者的卡方检验结果为$P=1$，见表4.21。

表4.21　高水平优秀女排运动员训练条件满意度调查

题　项	非常好		比较好		一　般		不太好		很不好	
	人　数	百分比	人　数	百分比	人　数	百分比	人　数	百分比	人　数	百分比
训练环境	11	31.43%	18	51.43%	6	17.14%	0	0	0	0
训练体制	2	5.71%	22	62.86%	6	17.14%	5	14.29%	0	0
P	1									

4.2.6 高水平优秀女排运动员身体选材分析

运动员选材对于运动员的成长与培养极其重要，同时又具有复杂性和特殊性，做好运动员选材工作是培养优秀运动员的前提。身体是运动员成才的基础，也是运动员选材的基础。对于一般人来说，身体健康并能够承担长期的学习、工作和创造性活动就可以成才。但对于运动员来说，要想成为优秀的体育人才，身体的特点就要求符合运动项目的特征和需求。运动员能否成才，成为什么层次的人才与本身的身体特点密切相关。因此，研究身体特点对竞技人才的选拔和培养工作具有十分重要的作用。

在运动训练实践和体育科学研究中，人们逐渐发现和认识到各项优秀的运动员都有各自不同的身体形态。这不仅是运动训练需要的结果，更重要的是多数运动员都以有利的身体形态使自己在运动项目中占有明显的优势地位。运动员的身体形态在各项运动中都有重要的影响，在一定程度上也影响着运动素质的发展。排球运动员的身体形态特点有：身材高但不粗壮；前臂长，而上臂相对较短；四肢较长，而坐高相对较短；小腿长，而大腿相对较短；踝关节较细，跟腱长，足掌宽；体脂少，去脂体重和体密度大。高水平优秀女排运动员的身体形态非常好的占 80.00%，身体形态比较好的占 20.00%，见表 4.22。可见，高水平优秀女排运动员的身体形态是比较好的，非常符合排球运动的训练要求和项目特点。身体形态的各项指标中，高度、长度及宽度等指标的遗传性较高，因此在排球运动员的选材中要注意重视高度、长度、宽度等形态指标的选择。身体形态虽然受先天遗传的影响较大，但后天的训练也可以使运动员的身体形态更加符合项目的运动特点和需求，与肌肉有关的身体形态指标更多地依靠后天的训练加以改善和提高。排球运动员的身体形态训练，在采取常规的身体训练方法外，还要多选择采用专项训练的手段来实现身体形态训练的目的。

运动素质是身体素质的一方面。身体素质是人们在生活和运动中承受生理负荷所表现出的能力。身体素质包括两个方面：一是与健康有关的健康素质；二是与运动有关的运动素质。运动员掌握技术与提高运动成绩的关键是以良好的运动素质为基础。由于运动员运动技术和运动水平的高度发展，对竞技体育人才的运动素质也提出了较高的要求。运动员的运动素质受遗传和环境的影响，由于起点的不同，在选材时应该选拔运动素质起点高、发展潜力大的少年儿童能提高竞技体育的成材率。排球运动员所需要的身体素质主要包括弹跳力、移动速度、挥臂速度、场上灵活性、比赛耐久力和柔韧性等几个方面。排球运动虽要求全面发展身体素质，但它又以速度、爆发力及灵敏协调为重点。高水平优秀女排运动员中有68.57%的人认为自己的运动素质非常好，有31.43%的人认为自己的运动素质比较好，见表4.22。高水平优秀女排运动员的运动素质整体上比较好，优秀的运动素质是高水平优秀女排运动员取得优异成绩的基础，运动员身体素质的提高有先天遗传选材的影响，也有后天训练环境的作用。

生理机能对运动员能否成为体育竞技人才却密切相关。人的生理机能主要是先天遗传的作用，后天的实践只能在一定范围内去改变。影响人体生理机能的特点主要是呼吸器官、血液循环器官、骨骼肌肉系统和神经系统等。排球运动的对抗性强，运动负荷强大，比赛时间较长，因此心肺功能是排球运动员生理机能选材和训练的一个重要指标。在生理机能方面，有20.00%的高水平优秀女排运动员认为自己的生理机能非常好，有62.86%的运动员认为自己的生理机能比较好，17.14%的运动员认为自己的生理机能一般，见表4.22。

高水平优秀女排运动员身体选材生理机能、身体形态、运动素质三者自我满意度的卡方检验结果为$P=0.002$，这说明三者之间差异具有显著性。高水平优秀女排运动员身体选材的自我满意度中最优秀的是身体形态，其次是运动素质，最后是生理机能，见表4.22。

表4.22 高水平优秀女排运动员身体选材自我满意度调查

题 项	非常好		比较好		一般		不太好		很不好	
	人 数	百分比	人 数	百分比	人 数	百分比	人 数	百分比	人 数	百分比
生理机能	7	20.00%	22	62.86%	6	17.14%	0	0	0	0
身体形态	28	80.00%	7	20.00%	0	0.00%	0	0	0	0
运动素质	24	68.57%	11	31.43%	0	0.00%	0	0	0	0
P	0.002**									

注：** 表示$P<0.01$水平。

4.2.7 高水平优秀女排运动员德育结构情况分析

德育是人的全面发展的一个重要内容，是人的一种素质，是个体在生活实践与教育的影响下，逐步形成和发展起来的思想、道德、政治诸品质和意志性格特征的总和。其内涵包括了一个人的世界观、人生观、道德品质、政治品质、意志和性格。

4.2.7.1 高水平优秀女排运动员人际关系情况分析

从管理心理学的角度来说，人际关系是指组织环境中人与人之间的交往和联系，既包括心理关系，又包括行为关系。影响高水平优秀女排运动员成长培养的人际关系因素包括运动员与教练员的关系和运动员与同辈队友之间的关系两种。

在人际关系当中，有48.58%的高水平优秀女排运动员认为自己与教练员的关系非常好，有40.00%的运动员认为自己跟教练员的关系比较好，有5.71%的运动员认为自己与教练员的关系一般，有5.71%的运动员认为自己与教练员的关系不太好，仅是工作关系而已。有82.86%的高水平优秀女排运动员认为自己与队友的关系非常好，有17.14%的运动员认为自己与队友的关系比较好。

人际关系因素中，高水平优秀女排运动员与队友的关系要好于与教练员的关系，两者的卡方检验结果为 $P=0.101$，这说明差异不具有显著性。这也表明，高水平优秀女排运动员与教练员的关系和与队友的关系差异不是很大，见表4.23。

表4.23 高水平优秀女排运动员人际关系情况

题 项	非常好		比较好		一 般		不太好		非常不好	
	人 数	百分比	人 数	百分比	人 数	百分比	人 数	百分比	人 数	百分比
与教练的关系	17	48.58%	14	40.00%	2	5.71%	2	5.71%	0	0
与队友的关系	29	82.86%	6	17.14%	0	0.00%	0	0.00%	0	0
P	0.101									

4.2.7.2 高水平优秀女排运动员体育道德品质情况分析

道德是一个人对于别人和自己的行为举止、思想意图是否符合社会道德行为准则要求所产生的内心体验。体育道德是伴随体育道德认识而出现的一种内心体验。体育道德是在体育活动历史中产生和发展的，是适合体育运动的特点和体育精神的道德及相应的行为规范的，是从事体育运动的人们所应具备的道德品质。体育道德品质是一定社会中体育道德品质原则和规范在个人思想和行动中的体现，是一个人的体育道德行为中所表现出的稳定的特征和倾向。

由图4.5可见，在高水平优秀女排运动员的体育职业道德情况调查中，有68.57%的优秀运动员认为自己的职业道德素养非常好，认为比较好的人数占

31.43%,高水平优秀女排运动员都非常注意自己的职业道德素养,并认为自己的职业道德素养比较好。一般地说,体育运动中的各种事件和参与者的言行凡符合自己的道德认识,就会引起积极的情绪体验,否则就会产生消极的情绪体验。为取得最佳的成绩,优秀运动员应该保持良好的情绪并拥有优秀的体育道德品质。

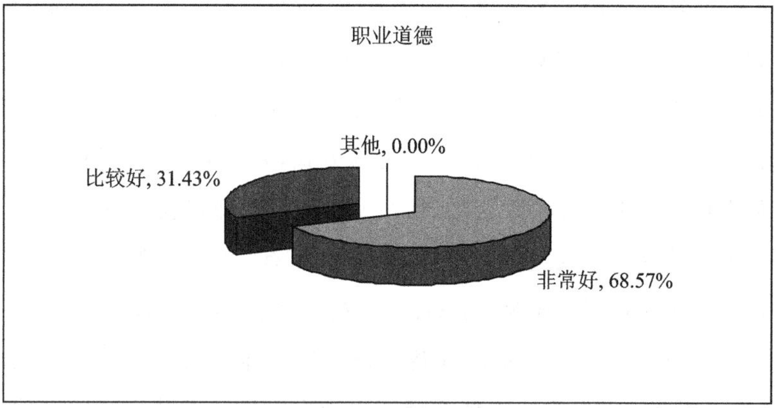

图 4.5 高水平优秀女排运动员职业道德自我满意度调查

运动员体育道德品质的形成和发展包含以下四个阶段:第一,萌芽阶段,一般为从七岁到十岁左右的儿童,这一年龄段的高水平优秀女排运动员一般处于排球运动训练的启蒙年龄;第二,初步形成阶段,一般是十岁至十五岁的少年,这一年龄段的高水平优秀女排运动员一般处于从业余体校进入省市运动队排球队的年龄,是运动员的基础训练阶段;第三,成型阶段,一般为从十五岁到十八九岁的青年,这一时期的高水平优秀女排运动员一般处于从省市运动队进入国家队的年龄,是运动员的提高训练阶段;第四,成熟阶段,一般为十九岁以后,这一时期高水平优秀女排运动员开始进入最佳竞技阶段。由此可见,运动员体育道德品质的培养过程与高水平优秀女排运动员的训练过程都存在年龄特征,高水平优秀女排运动员的体育道德培养过程应该根据其训练培养过程有计划地进行。在运动员的体育道德品质培养过程中,也必须注意以下三个方面的问题:首先要正确处理好个人利益与集体利益相结合的原则,其次是将功利与奉献相调和,再次是必须确立明确的体育道德规范并强化体育道德教育。

4.2.7.3 高水平优秀女排运动员个性心理品质情况分析

个性是一个人在其活动中,带有倾向性的及本质的比较稳定而又不同于别人的心理特征的总和。心理学认为个性是一个人在一定的社会历史条件下所具有的意识倾向性，包括需要、动机、兴趣、信念、理想、世界观等，以及经常出现的、较稳定的心理特征，包括气质、性格、能力等的总和。在高水平优秀女排运动员成长与培养影响因素里面，包括兴趣和性格两个变量。兴趣属于个性的意识倾向性，性格是属于个性中人经常出现的、比较稳定的心理特征。

性格是个性结构中的一个重要的组成部分，它反映出一个人对现实的态度和习惯化的行为模式。我们可以通过分析一个人的性格特征来预见他在某种情况下所作出的行为。性格是一个人本身属性的独特结合，这些属性使社会成员之间互有区别，表现出个人对现实的态度和习惯化的行为方式，并且表现在他的行为举动之中。性格分类从心理机能上划分为理智型、情绪型、意志型、理智意志型。

在高水平优秀女排运动员的性格类型调查中，有 52.63％的高水平优秀女排运动员的性格类型属于理智意志型，有 31.58％的运动员属于理智型，有 15.79％的运动员属于意志型，见图 4.6。性格的理智特征是指个体在认知活动中表现出来的心理特征，性格的情绪性特征是指个体在情绪表现方面的心理特征。性格的意志特征是指个体在调节自己的心理活动时表现出的心理特征。自觉性、坚定性、果断性、自制力等是主要的意志特征。可见，超过半数的高水平优秀女排运动员在调节自己的心理活动时都表现得既理智，又能自觉、自制、坚定、果断。

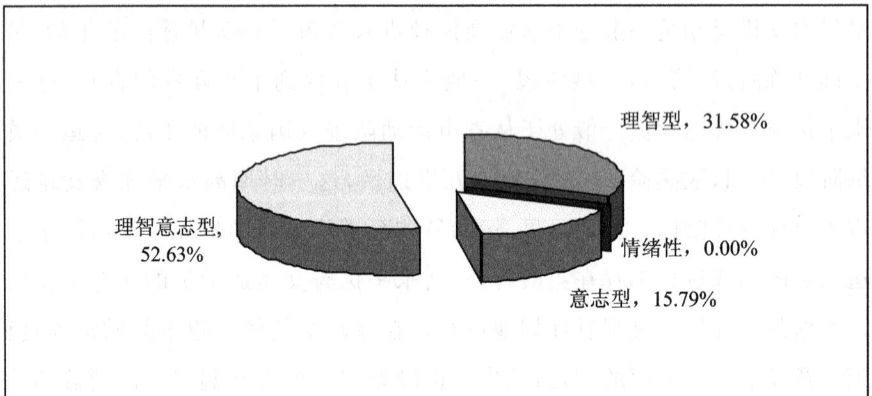

图 4.6　高水平优秀女排运动员的性格类型调查

兴趣是人对于事物的喜爱或关切的一种情绪，是人求认识、掌握某种事物，并经常参与该种活动的心理倾向。或者说，兴趣是人积极探究某种事物的认识倾向。当运动员对日常训练产生浓厚的兴趣之时，就能产生极其强烈的求知欲，此时运动员就会愿意训练、热爱训练以及乐于训练，并且训练的灵活性在一定程度上可以让成绩获得相对较大的提高，卓有成效地减轻了运动员过于沉重的负担。要进行多样化的训练，在运动员的训练过程当中使用丰富的手段与方法来激发运动员的训练热情和兴趣，让其认为训练是一种乐趣，激发出运动员对训练的渴望，进而充分地发挥并调动运动员潜意识当中对训练的认可，提高日常训练的效果，从而获得成功。兴趣的训练方法与手段主要有以下几种：以知激趣，利用知识固有的引力，或者将本学科的学习内容与其他学科的知识联系起来，激发运动员的学习兴趣；以新激趣，与队员探讨新的训练理论和方法、启发和诱导，以激发运动员的好奇心，以新来吸引运动员，使运动员感到自己是一个发现者、研究者、探索者；以疑激趣，教练员要精心组织设置疑难，使运动员面临问题，产生求知欲望，教练员从中启发运动员积极思考；以情激趣，教练员发自内心的强烈情感，使运动员产生教练员对这门课很有兴趣、很有研究的感觉并由教练员很感兴趣导向为我也感兴趣；以境激趣，加强运动员对项目的认识和运用，创设情境，渲染气氛，使运动员有身临其境之感，情绪高涨，兴趣益增；以事激趣，教练员善于运用发生在身边的事，有针对性地对运动员进行项目兴趣的培养；直观激趣，训练中要充分利用各种设备和手段来提高运动员的兴趣；以美激趣，教练利用运动员都有喜欢自我表现的心理特征，促其深化感性认识，激发和培养运动员的训练兴趣。

对高水平优秀女排运动员对排球产生兴趣的时间的调查发现，有 37.14% 的优秀排球运动员从小就对排球非常感兴趣，有 34.28% 的优秀女排运动员从业余训练开始就对排球开始感兴趣，有 28.58% 的优秀女排运动员从参加专业训练后开始对排球感兴趣。没有运动员从取得成绩后、被教练认可后、退役后才开始对排球感兴趣，如图 4.7 所示。

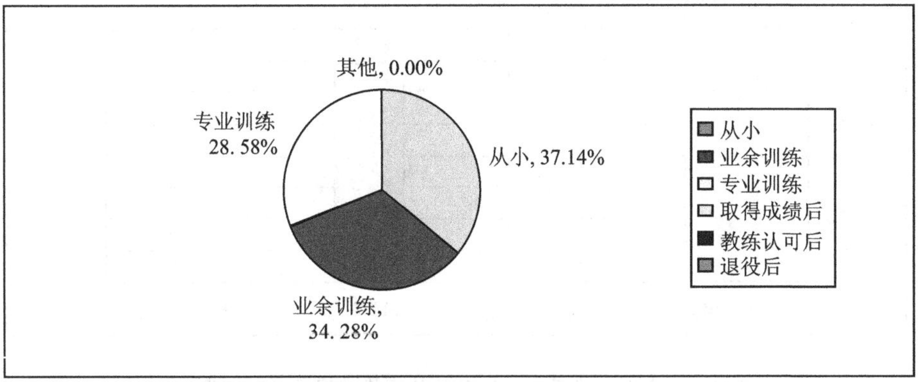

图 4.7　高水平优秀女排运动员对排球产生兴趣的时间调查

高水平优秀女排运动员对排球的兴趣程度非常大的占 57.15%，对排球兴趣程度比较大的占 37.14%，对排球兴趣程度一般的占 5.71%，如图 4.8 所示。由图 4.8 可见高水平优秀女排运动员对排球的热爱程度是比较高的，对排球项目较高的热爱程度是优秀女排运动员取得卓越成绩的原因之一。

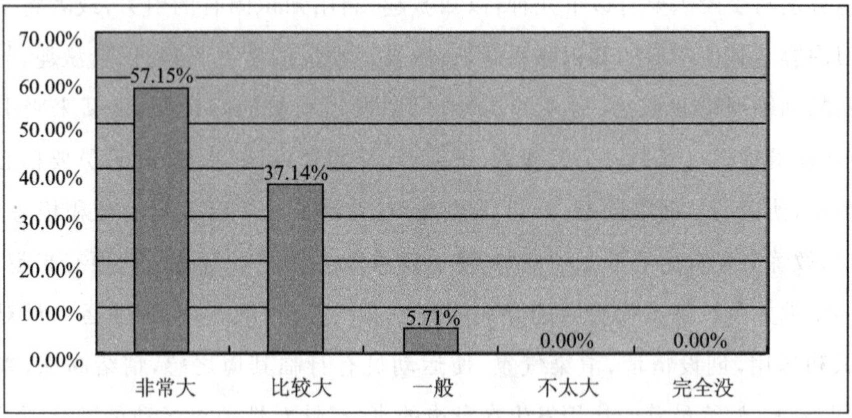

图 4.8 高水平优秀女排运动员对排球的兴趣程度调查

培养运动员对项目的兴趣首先要激发运动员的运动动机，其次要培养运动员的团队精神，注意教练员与运动员和谐平等的合作关系。由图 4.9 可见，高水平优秀女排运动员对从事排球事业的动机，选择最多的是兴趣爱好，选择人数占 88.57%；第二是实现自我价值的需要，选择人数占 80.00%；第三是为国争光，选择人数占 68.57%；因为先天条件突出才从事排球项目的人数占 14.28%。

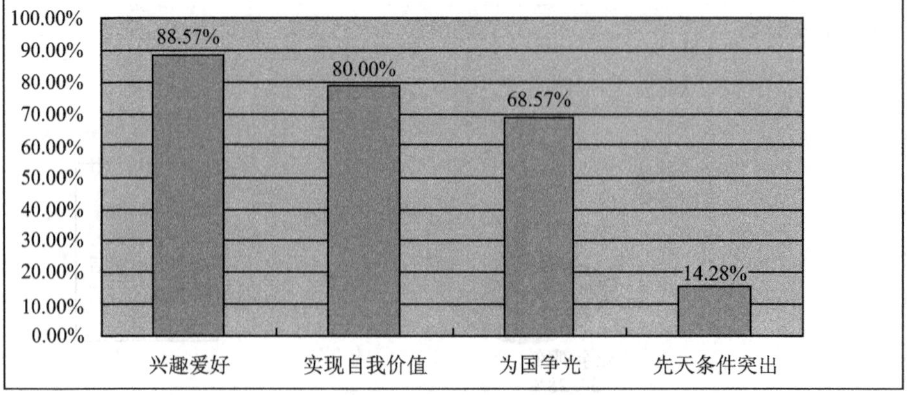

图 4.9 高水平优秀女排运动员从事排球事业的动机调查

4.2.8 高水平优秀女排运动员管理情况分析

运动员管理是通过体育管理工作者根据党的方针政策和工作需要对被管理者的控制、教育和协调活动，使优秀运动员尽最大努力以实现获得最高运动成绩。运动员管理的实质是通过各种措施来放大人才个体和人才群体的功能。没有良好的运动管理就不可能做好竞技体育发展的工作。优秀的运动员管理对于调动运动员的训练积极性，充分激励运动员的潜质有重要的作用。影响高水平优秀女排运动员成长与培养的运动员管理因素包括运动员预测规划和运动员流动调节两个方面。

运动员的预测是人才管理的重要环节，是一项着眼于未来的开拓性工作。运动员的预测规划管理是确保体育发展战略目标实现的重要手段，是优秀运动员人才规划、保证体育与社会各方面协调发展的前提，是解决体育人才供需矛盾和进行人事制度改革的基本依据，是提高体育运动员人才管理水平的重要手段。运动员预测管理按范围可分为宏观预测和微观预测；按时间可划分为近期、中期和长期预测；按内容可划分为人才需求量和人才拥有量。体育人才的规划与人才的预测是息息相关的。没有预测，很难做出规划。没有规划，预测中提出的问题就无法得到解决。预测是手段，规划是目的。运动员人才的规划可以解决人才比例失调，解决数量短缺或数量过剩问题，可以增加运动员人才的培养效益，从而促进体育事业的发展。优秀运动员的培养需要良好的规划和预测。高水平优秀女排运动员认为国家对自己的预测和规划非常合理的人数占5.71%，认为预测规划比较合理的人数占80.00%，认为预测规划一般的人数占14.29%，见表4.24。由数据可知，高水平优秀女排运动员认为国家对自己的预测规划合理程度是比较高的，对高水平优秀女排运动员的合理预测和规划是促进运动员成才的有利因素。

表4.24 高水平优秀女排运动员管理合理程度分析表

运动员管理	非常合理		比较合理		一 般		不太合理		很不合理	
	人 数	百分比	人 数	百分比	人 数	百分比	人 数	百分比	人 数	百分比
预测规划	2	5.71%	28	80.00%	5	14.29%	0	0.00%	0	0.00%
流动调节	2	5.71%	16	45.72%	2	5.71%	13	37.15%	2	5.71%
P	0.033**									

注：** 表示 $P<0.05$ 水平。

随着竞技体育职业化和商业化的发展，运动员的流动已经成为必然趋势。流动是运动员自身价值的体现，也是输出或输入运动队和俱乐部进行投资和获得回报的商业行为。运动员流动可以提高运动队或俱乐部的经营能力，促进运动队或俱乐部的建设，使运动队和俱乐部形成运动员培养上的良性循环，达到提高总体运动水平的目的。运动员的流动可以推动竞技体育运行机制的变革，实现人才价值的合理化利用和分配，从而创造最佳的社会效益和经济效益。运动员流动能够提高国家竞技体育的国际竞争水平，使国家竞技体育的发展进一步与国际接轨。

高水平优秀女排运动员认为对运动员流动调节非常合理的人数占5.71%，认为运动员流动调节比较合理的人数占45.72%，认为运动员流动调节一般的人数占5.71%，认为运动员流动调节不太合理的人数占37.15%，认为运动员流动调节很不合理的人数占5.71%，见表4.24。由数据可知，高水平优秀女排运动员的流动调节管理存在一定的不合理性，高水平优秀女排运动员认为在一定程度上运动员的流动调节制度限制了她们的发展。中国排球运动员的流动整体还处于初步发展阶段，流动人数少，流动形式单一，与国外联赛开展较好的国家相比，还有较大差距；在引进外援方面，中国还处于鼓励引进阶段。俱乐部的经济状况不稳定；相关法律法规、条例建设不完善；人才产权的归属不明确。中国需要尽快完善运动员流动机制，拓宽各俱乐部的经济来源，明晰中国排球联赛教练员、运动员的产权，健全和完善中介机构和经纪人制度，加强政府的宏观调控作用，开发网上职业排球运动员、后备人才市场，培养合理有序的社会环境，以完善中国排球联赛运动员人才市场体系，促进运动员的合理流动。

4.3 典型案例分析

众所周知，郎平是20世纪中国女排的代表性人物，自进入21世纪后特别是近两年周苏红逐渐成为中国女排的代表性人物。郎平和周苏红之所以能成为不同时代中国女排的代表性人物，与当时的时代背景和自身的成长过程是分不开的。

郎平成为当时中国女排的领军人物与她的成长环境和经历分不开。郎平成长于“文革”时期，从小就对排球情有独钟，并且练就了顽强的意志，一步一步往上走直至进入国家女排队，这其中少不了她个人的努力。由于“文革”的影响，中国的体育事业一落千丈。改革开放初期，中国十分需要团结拼搏的精神，十分需要民族自信和顽强奋进的动力。在国际上，竞技体育的政治功能无疑是显著的。当时的女排在国家和民族的期望中创造了“五连冠”的佳绩，这其中郎平当属首要功臣。因在主攻位置上有力的落地开花扣球，郎平被冠上“铁榔头”的称号，当时中国的女排也当属郎平时代。

周苏红从1999年入选国家队，到2004年夺得雅典奥运会冠军，再到2008年北京奥运会夺得铜牌，再到在中国女排危难的时候带领女排夺得2010年广州亚运会的冠军，都表现非常突出。在这期间，世界各国的排球运动也迅速发展，世界强队增多，而中国的后备实力不足，此时老队员周苏红的复出，加之她个人顽强的拼搏精神，更体现出其在新一届女排中的价值。

4.3.1　典型案例个人情况及成长经历年龄特点分析

郎平1960年出生于天津，籍贯北京，从13岁开始接触排球训练，26岁退役。凭借强劲而精确的扣杀而赢得“铁榔头”的称号，曾入选中国体育劳伦斯奖第二届(1980年)十佳名单。在队期间，郎平获得过五次世界冠军，是中国女排创造“五连冠”佳绩的功臣，一度是中国排球的代名词。作为全球最具影响力的排球运动员之一的她和中国女排的“五连冠”辉煌孕育了影响一代人的女排精神，成为当时最浓墨重彩的时代符号，甚至引发了一场经久不息的振兴中华热潮。退役后，郎平开始自己的排球执教生涯，在国内外都产生了深远影响，是中国甚至世界独一无二的优秀排球教练。

1973年4月，13岁的郎平进入北京工人体育场业余体校排球班，开始进行业余训练。1974年秋，郎平被选进了北京市第二体育运动学校，成了排球培训班的专业队员。1976年入选袁伟民执教的北京女子排球一队，1978年郎平在全国排球甲级队联赛中崭露头角，被袁伟民教练看中，进了国家队。1981—1985年郎平作为中国女排的核心人物获得四次世界冠军，1986年退役。

由图4.10可见，郎平排球启蒙年龄为13岁，大于高水平优秀女排运动员的平均年龄；郎平进入省市队的年龄是16岁，也大于高水平优秀女排运动员的平均年龄；郎平进入国家队和第一次获得世界冠军的年龄都小于高水平优秀女排运动员的平均年龄。郎平排球运动的各年龄与高水平优秀女排运动员的平均年龄，T检验结果为$P=0.446$，表明年龄不存在显著性差异，说明郎平排球运动各阶段的年龄与高水平优秀女排运动员之间差异不明显。在年龄数据的表现上为前期启蒙训练较晚与成才较早的特点。

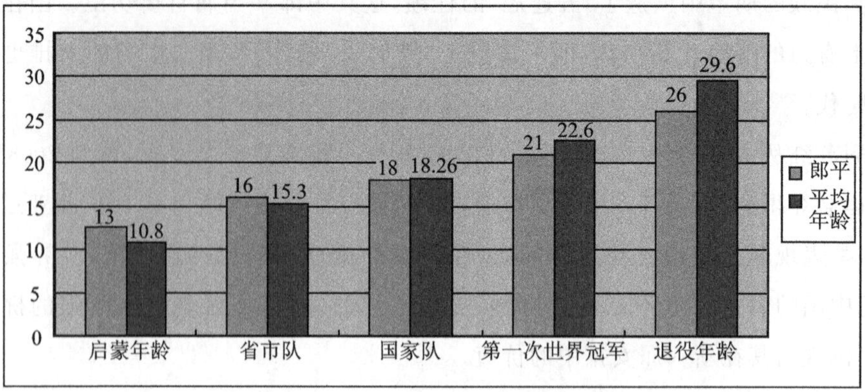

图 4.10 郎平排球运动各阶段的年龄与高水平优秀女排运动员各阶段的年龄之间的差异比较($P=0.446$)

周苏红于 1979 年出生于浙江,曾效力于浙江省女排队。她在职业生涯中曾经打过自由防守人、主攻,以及接应二传,在国家队她的位置是接应二传。在 2003 世界杯女排的扣球榜上排名第六,是中国队仅次于赵蕊蕊的扣球手,并且获得最佳扣球奖;而在防守中曾经打过自由人的她是张娜之外的第二个防守点。周苏红是中国女排不可多得的全面型选手,她在职业生涯的鼎盛时期,无论是一传、发球、扣球都位于世界前列。2008 年她仍保持着良好的竞技状态,成为中国女排队内一传最为稳定的保障。周苏红是中国女排作为主力队员在队年限最长的优秀运动员。

周苏红 1990 年在浙江省长兴县少体校开始排球训练,1994 年进入浙江省女排队,1996 年入选国家青年队,1998 年入选国家沙滩排球队,1999 年入选国家女排队,

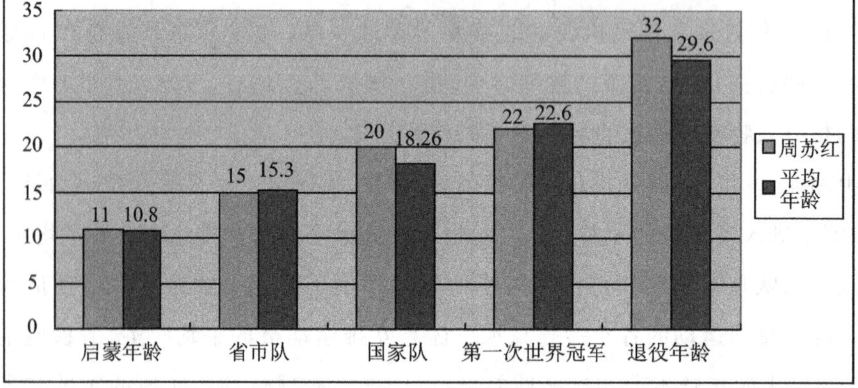

图 4.11 周苏红排球运动各阶段的年龄与高水平优秀女排运动员各阶段的年龄之间的差异比较($P=0.953$)

2001—2011 年在国家女排队。由图 4.11 可见，周苏红的排球启蒙年龄是 11 岁，与高水平优秀女排运动员的平均年龄相差不到一年；周苏红进入省市队的年龄是 15 岁，与高水平优秀女排运动员的平均年龄相差也不大。由于周苏红 18 岁时进入的是国家沙滩排球队，20 岁入选中国女排队，比高水平优秀女排运动员的平均年龄要大；周苏红排球运动各阶段的年龄与高水平优秀女排运动员的年龄差异 T 检验结果为 $P=0.935$，说明周苏红的运动经历各阶段的年龄与高水平优秀女排运动员的年龄不存在显著差异。周苏红的运动经历的特点是排球运动经历复杂，进入国家队年龄较大，但获得世界冠军的年限较长；作为国家主力队员的退役年龄最高。

郎平和周苏红的运动经历存在很大的差距，但都存在一个共同点，就是成才时间较早，后续影响力较大。郎平退役年龄较早，但退役后执教期间的社会影响力和对排球事业的贡献并不比在队时小。周苏红在 2001—2008 年几经起伏，是队内的核心人物。从对郎平和周苏红的运动经历的分析可见，两位中国女排最优秀的运动员对排球事业的追求和执着是令人敬佩的，对排球事业的奉献是不分场上场下的。

4.3.2　典型案例竞赛情况分析

郎平于 1976 年入选北京女子排球一队，参加国内比赛 8 场，1977 年参加国内比赛 9 场。1978 年郎平入选国家队，同年参加国内比赛 10 场、国外比赛 11 场。郎平 1981 年获得世界冠军前共参加国内比赛 54 场、国外比赛 23 场。她有丰富的世界大赛和国内比赛的经验。在获得世界冠军后，郎平一直在中国女子排球队担任主力队员，在 1981—1986 年，郎平共参加国内比赛 77 场、国外比赛 62 场，具体见表 4.25。郎平在获得世界冠军前的比赛场次数量较多，参加的赛事级别包括国内甲级联赛以上的比赛以及世界所有排球大型赛事，丰富的比赛经验是郎平取得世界冠军的重要保障之一。

表 4.25　郎平国内外参赛数量统计

年　份	国内场次	国外场次	总　计
1976	8	0	8
1977	9	0	9
1978	10	11	21
1979	17	6	23

续表 4.25

年　份	国内场次	国外场次	总　计
1980	10	7	17
1981	12	16	28
1982	12	17	29
1983	18	8	26
1984	11	8	19
1985	13	13	26
1986	11	0	11

周苏红 1996 年入选国青队，同年参加国内比赛 18 场，在 1997 年、1998 年分别参加国内比赛 18 场、20 场。1999 年周苏红入选国家队，同年参加国内比赛 16 场、国外比赛 14 场。2000 年周苏红参加比赛共 21 场。2001 年周苏红第一次获得世界冠军，在 2001 年之前，周苏红共参加国内赛事 88 场、国外比赛 19 场。周苏红从第一次获得世界冠军后，因伤病等原因几度没有参加国外赛事，但一直坚持、争取上场机会。在 2001—2008 年，周苏红共参加国内比赛 141 场，参加国外比赛 163 场，具体见表 4.26。周苏红在获得世界冠军之前国内比赛的赛事经验非常丰富，在进入国家队之后，参加的洲际以上比赛也有 19 场，参加的赛事级别比较高，可见丰富的比赛经验也是周苏红取得优异运动成绩的重要保障。

表 4.26　周苏红国内外参赛数量统计

年　份	国内场次	国外场次	总　计
1996	18	0	18
1997	18	0	18
1998	20	0	20
1999	16	14	30
2000	16	5	21
2001	16	14	30
2002	17	14	31
2003	16	17	33
2004	18	22	40
2005	18	19	37

续表 4.26

年　份	国内场次	国外场次	总　计
2006	17	29	46
2007	20	21	41
2008	19	27	46

从郎平和周苏红的竞赛经验分析，高层次的赛事级别、充足的比赛场次等大型排球赛事的比赛经验是世界冠军郎平和周苏红成才的保障因素。大型赛事的锤炼，不仅提高了运动员的比赛实战能力，也有助于运动员与世界高水平选手的相互学习，有助于激发运动员的竞争意识；更容易锻炼运动员的心理素质和适应能力，提高运动员的比赛能力。高级别的大赛经历和充足的比赛场次等丰富的比赛经验是保证郎平和周苏红取得世界冠军的重要因素。

通过表 4.27 可知，郎平参加洲际以上大赛的经验比较丰富，参加世界大赛的时间集中在 1978—1985 年，所遇到的对手共 27 支队伍，郎平所处年代世界强队较少，国内后备人才也较多，战术打法相对简单，这样的场上比赛对个人能力的要求是专位技术突出。郎平四年内三次夺取世界冠军，主力强攻，始终没换人，是因为郎平技术十分过硬，并不断有创新，技术全面，能高能快，能强攻又能参与全队的快变战术。当时中国女排队员技术较为全面，一传较为稳定，世界其他国家女排对中国那时的威胁较小，郎平作为主攻不用接一传。在这种条件下，郎平可以有更多的进攻机会，作用较为明显。

表 4.27　郎平参加国际比赛情况表

年　份	比赛名称	参赛对手
1978	北京国际排球友好邀请赛	日本、加拿大、墨西哥
1979	第二届亚洲女子排球锦标赛	印度尼西亚、印度、中国香港、日本、澳大利亚、韩国
1981	第三届世界杯排球赛	澳大利亚、新加坡、中国香港、巴西、苏联、韩国、保加利亚、古巴、日本、美国
1982	第九届世界女子排球锦标赛	秘鲁、美国、日本、古巴、苏联、韩国、巴西、保加利亚、匈牙利、加拿大、澳大利亚、墨西哥、联邦德国、意大利、荷兰、波多黎各、阿根廷、巴拉圭、西班牙、印度尼西亚、智利、尼日利亚
1984	第 23 届奥运会	美国、日本、秘鲁、韩国、联邦德国、巴西、加拿大

续表 4.27

年　份	比赛名称	参赛对手
1985	“海鸥杯”国际女排邀请赛	古巴、苏联、日本
1985	“新民晚报杯”国际邀请赛	日本女排、古巴女排、上海联队
1985	东京世界杯	古巴、苏联、日本、秘鲁、巴西、韩国、突尼斯

通过表 4.28 可知，周苏红从 1999 年入选国家女排开始代表国家参加世界大赛，1999—2008 年，周苏红作为国家队队员共遇到过 42 支国外劲敌。当今排球规则的变动、世界强队的增多，跳发球对一传的破坏，要求中国女排具备更加全面的技术。世界女排技战术打法男子化的发展，使得比赛更加激烈，要求运动员不仅要具有扎实的技战术水平，同时需要具有良好的体能。周苏红作为接应，担任着接一传的重大责任，在队内的进攻相对压力较大。作为老队员的周苏红能够顶住压力复出，加之她个人顽强的拼搏精神，更体现出其在新一届女排中的价值。

可见，丰富的大赛经历是促进郎平、周苏红成长的重要因素，但两者所处的时代不同，所处的竞赛环境也不同。在当下世界排球技战术水平高速发展的情况下，中国女排更加需要周苏红这种具有大赛经验、技术又全面的选手。

表 4.28　周苏红参加国际比赛情况表

年　份	赛事名称	参赛对手
1999	世界女排大奖赛	俄罗斯、巴西、意大利、古巴、韩国、日本、荷兰
2000	悉尼奥运会	澳大利亚、巴西、克罗地亚、美国、肯尼亚、俄罗斯、古巴、韩国、意大利、秘鲁、德国
2001	世界女排大奖赛	古巴、俄罗斯、美国、巴西、德国、日本、泰国
2002	世界女排大奖赛	巴西、古巴、日本、泰国、美国、俄罗斯、德国
2003	日本大阪世界杯	古巴、多米尼加、土耳其、波兰、韩国、阿根廷、埃及、美国、日本、巴西
2003	世界女排大奖赛	日本、泰国、新爱尔兰、巴西、德国、意大利、加拿大、美国、韩国、古巴、俄罗斯
2004	世界女排大奖赛	巴西、古巴、多米尼加、德国、意大利、日本、韩国、波兰、俄罗斯、泰国、美国
2004	雅典奥运会	古巴、德国、多米尼加、俄罗斯、巴西、日本、希腊、肯尼亚、韩国、意大利、美国

续表 4.28

年　份	赛事名称	参赛对手
2005	世界女排大奖赛	巴西、古巴、德国、意大利、多米尼加、日本、韩国、荷兰、波兰、泰国、美国
2005	瑞士女排精英赛	美国、意大利、波兰、巴西、古巴、德国、日本
2006	世界女排大奖赛	巴西、俄罗斯、意大利、古巴、日本、美国、多米尼加、韩国、波兰、阿塞拜疆、泰国
2006	多哈亚运会	越南、韩国、中国台北、日本、蒙古、泰国、塔吉克斯坦、哈萨克斯坦
2006	日本世锦赛	多米尼加、墨西哥、俄罗斯、德国、阿塞拜疆、韩国、波兰、中国台北、日本、肯尼亚、哥斯达黎加、荷兰、美国、巴西、波多黎各、哈萨克斯坦、喀麦隆、意大利、秘鲁、土耳其、古巴、埃及、塞黑
2007	亚洲锦标赛	泰国、澳大利亚、塔吉克斯坦、越南、斯里兰卡、哈萨克斯坦、中国台北、伊朗、新西兰、日本、韩国、乌兹别克斯坦、印度尼西亚
2007	世界女排大奖赛	新爱尔兰、意大利、俄罗斯、巴西、波兰、古巴、美国、日本、哈萨克斯坦、多米尼加、中国台北
2008	世界女排大奖赛	巴西、古巴、意大利、日本、美国、土耳其、泰国、波兰、哈萨克斯坦、德国、多米尼加
2008	北京奥运会	意大利、巴西、美国、古巴、委内瑞拉、俄罗斯、阿尔及利亚、波兰、塞尔维亚、日本、哈萨克斯坦
2008	瑞士女排精英赛	古巴、意大利、荷兰、塞尔维亚、德国
2008	亚洲杯	澳大利亚、日本、哈萨克斯坦、越南、中国台北、韩国、泰国

4.3.3　典型案例学习经历分析

郎平在队时期的学历是高中，在结束第十届亚洲运动会女排教练的工作以后，郎平先到北京师范大学外语系攻读英语专业，随后在 1987 年 4 月以公派自费生的身份到美国留学。在争取到旧金山旅美华侨新中国基金会提供的为期两年的奖学金后，郎平随即前往新墨西哥大学预科部英语补习班进修。1988 年，郎平顺利通过托福、GRE 考试，开始攻读新墨西哥州大学体育管理系现代化专业硕士研究生学位。

郎平 1986 年退役以后，进行了本科、硕士研究生的学习，在掌握好语言出国深造的同时，又不间断地从事排球执教工作，在国内外取得了与其运动成绩相媲美的执教成绩。郎平之所以能够保持高度的社会影响力，与其坚韧不拔、积极上进的心态是分不开的，但更重要的是她的文化水平和体育知识能力的支撑。

周苏红在第一次获得世界冠军时的学历水平也是高中，后就读于浙江大学英语系。周苏红颇为看重进入大学深造，学英语是她最迫切的想法，所以她选择了英语专业来学好英语，为以后的出国学习交流打下良好的基础。可见，周苏红也认识到知识文化水平是运动员现役或退役后保证自己进步的重要因素之一。

中国优秀女排运动员，尤其是世界冠军的专项竞技能力水平是非常高的，但许多优秀运动员在退役后就逐渐退出人们的视野，有的甚至连生活都不能自保，造成这种现象的直接原因之一就是自身文化水平不足。郎平的学习经历给优秀运动员提供了很好的范例，要想在自己热爱的体育事业道路上走得长远有效，不断充实和提升自身的文化水平是必要的。

4.3.4 典型案例训练情况分析

4.3.4.1 典型案例训练过程分析

从图 4.12 可以看出，郎平基础训练阶段的年限是 3 年，低于中国女排冠军的平均年限；郎平提高训练阶段的年限是 2 年，低于平均年限；郎平最佳竞技阶段持续时间是 1978—1985 年，持续 8 年，高于高水平优秀女排运动员的平均年限；在竞技保持阶段方面，郎平竞技保持阶段较短，低于高水平优秀女排运动员的平均年限。郎平全程训练过程各阶段的年限与高水平优秀女排运动员的全程训练阶段各阶段的平均年限差异性检验结果为 $P=0.081$，这说明郎平与高水平优秀女排运动员的全程

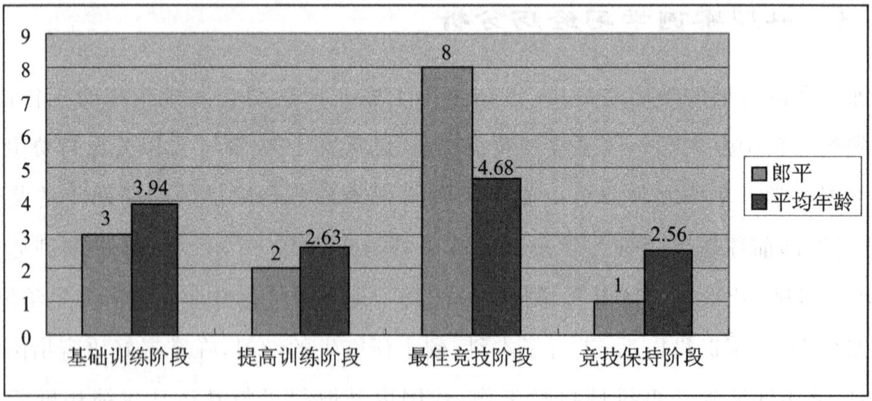

图 4.12 郎平训练阶段的年限与高水平优秀女排运动员的平均年限比较($P=0.081$)

训练过程阶段性差异不明显。

从图 4.13 可以看出，周苏红基础训练阶段年限是 5 年，高于高水平优秀女排运动员的基础训练阶段年限；提高训练阶段周苏红历经 5 年，高于高水平优秀女排运动员的平均水平；最佳竞技阶段周苏红历经 12 年，高于高水平优秀女排运动员的平均年限 4.68 年。周苏红与高水平优秀女排运动员基础训练阶段、提高训练阶段和最佳竞技阶段的平均年限的差异性检验结果为 $P=0.046$，说明周苏红全程训练阶段的年限与高水平优秀女排运动员的平均年限存在很大的差异。最佳竞技阶段是运动员全程训练阶段的关键阶段，是优秀运动员成长与培养的最重要的核心阶段，也是评价运动员成绩和竞技水平的重要标准之一，基础训练和提高训练阶段是为最佳竞技阶段服务和保证的阶段。周苏红是中国女排最佳竞技阶段保持最长的队员，周苏红前期基础训练阶段和提高训练阶段经历的时间比高水平优秀女排运动员的平均年限明显要长。基础阶段和提高训练阶段的较长年限，是周苏红成才的重要因素之一。

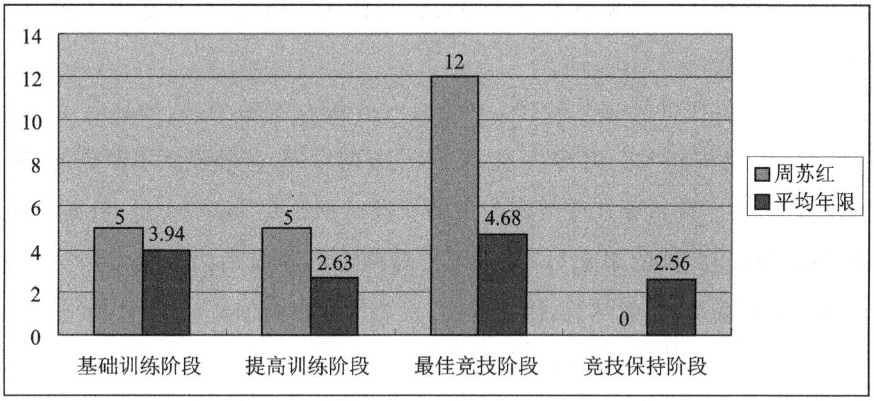

图 4.13　周苏红训练阶段的年限与高水平优秀女排运动员的平均年限比较（$P=0.046$）

郎平是高水平优秀女排运动员中获得世界冠军最多的优秀选手，周苏红是中国国家女排在队时间最长的主力队员。两位优秀的中国女排队员在不同的时代创造了不同的竞技佳绩。郎平的运动经历特点是启蒙时间相对较晚，成才较早，在队期间竞技成绩突出，退役较早；郎平的全程训练阶段与高水平优秀女排运动员之间差异不明显，退役后在排球界的影响力较大。周苏红的运动经历特点是排球运动经历丰富，基础训练阶段和竞技提高阶段持续时间较长；周苏红最佳竞技阶段持续时间较长，在队期间对中国排球的影响力较大；周苏红的全程训练过程年限与高水平优秀女排运动员的平均年限存在很大差异，复杂的运动经历和长年限的基础提高训练为周苏红的最佳竞技阶段提供了扎实的心理基础和训练基础保障。

4.3.4.2 典型案例训练指导思想分析

1978 年 2 月 20 日，全国排球工作会议在福建漳州召开，提出指导思想是在技术全面的基础上，发扬我国各队的特长，向全攻全守的方向发展。坚持快速，发展高度；狠抓扣、拦、发三项得分技术，力争网上优势；以全面、快速、高度、变化、准确的打法，争取主动，夺取胜利。

1978 年，郎平参加全国排球甲级队联赛，崭露头角，被袁伟民教练看中，进了国家队。中国女排加强对队伍严格管理和训练，在训练中培养拼搏精神，同时做好队员的政治思想工作，树立为国争光的精神和决心。坚持“三从一大”，从难从严管理队伍，经常训练到深夜。这种近乎残酷的魔鬼训练在教练严格和高超的管理艺术下，靠着细致的思想工作和人格魅力，很好地解决了训练中的矛盾，使全队凝结为一个集体。许多女排队员不顾训练条件的艰苦和伤病的折磨，一心想着为国争光，坚持带病训练和比赛。

周苏红所处年代世界强队较多，中国国内后备人才较少，队内缺乏灵魂人物。2001—2004 年，女排向大型化、男子化、立体化方向发展，国外强队不断创新，加强跳发球的攻击性，使一传依赖快变战术为主的亚洲队面临更大的压力。根据当前世界排球的发展现状和女排的未来目标，中国排球确定了新时期的技战术指导思想，即“技术全面，突出特点，准确熟练，快速善变，发展高度不断创新，加强体能”这 28 字方针是我国迈入新世纪的排球技战术指导思想。

在两个不同时期的中国女排指导思想上，都能够根据实际情况制定出合理和有效的技战术指导思想，这也是能够取得冠军的重要保障之一。

4.3.5 典型案例成长的社会条件分析

4.3.5.1 政治条件分析

郎平处于改革开放刚刚开始的时期，中国与世界刚刚接轨，急切需要在体育方面能有所突破，以增强中华民族的凝聚力。1978 年十一届三中全会的召开，确定了新时期的改革开放路线，全党的工作重心转移到社会主义现代化建设上来。1979 年

10 月，国际奥委会恢复了中国在国际奥委会的合法席位，中国重新回到了国际大家庭，20 世纪 80 年代的中国体育开始登上世界舞台。1980 年 1 月 7 日全国体育工作会议在北京举行。会议总结了中华人民共和国成立 30 年以来体育工作的基本经验，提出：提高人民健康水平，提高运动技术水平，建设社会主义精神文明。

排球在这个时期凸显了出来。由优秀教练员袁伟民带领的中国女排，用艰苦训练、奋勇拼搏的体育精神，为中国迎来了前无古人、后无来者的“五连冠”，中国人民为之兴奋和骄傲。于是排球“五连冠”精神广传神州大地，全国上下对排球的重视程度也是非常显而易见的。因为排球“五连冠”精神跟中华民族的传统文化很吻合，于是国家对排球的投入也明显高于其他项目。所以，郎平那个年代排球的辉煌与当时的社会政治环境是密切相关的。

周苏红所在的 20 世纪 90 年代末至今，中国正处于改革开放高速发展的时期。体育运动在奥运战略下取得了全面的发展。中国的体育经过 20 世纪 90 年代的发展，已经达到了世界领先的地位，体操、跳水、羽毛球、乒乓球的项目更是在世界上都达到了顶峰，无人能及，乒乓球更是被称为了国球。相对于这些项目，传统的排球由于队员的青黄不接，人才缺乏，已不复当年之勇，虽然也在世界强队之列，但是与之前“五连冠”的成绩相比较，已经相差甚远。当时国家的体育政策是一切为了在奥运会上夺奖牌，就是保住强势项目的夺金实力，发展一些有潜力的项目。排球由于推广困难，关注度下降，商业价值急剧下降，国内排球运动员日益减少，优秀排球运动员更是鲜有再出现。面对这样的情况，国家虽然依然把排球列为夺金优势项目，但是对排球的重视明显大不如前。相对郎平的年代，周苏红一代女排的辉煌更显得艰巨。

4.3.5.2 经济条件分析

郎平处于计划经济和市场经济调节阶段，国家经济实力不强，不可能支持所有体育事业的发展，只能选择竞技体育优先发展，于是形成了中国特色的举国体制。排球作为当时能够提升民族凝聚力的项目，自然受到政府的高度重视。

周苏红处在社会主义市场经济不断完善的阶段。相对郎平，周苏红当时的经济状况更稳定。中国逐步进入小康社会，人民生活水平大幅度提高，对体育的需求不断增加，而长期以来困扰中国体育发展投入不足的状况将随着社会经济的发展而改善。体育的社会化、产业化、市场化水平不断提高，在促进奥运争光计划实施的同时，大力推动全民健身计划，通过各种方式加强对群众体育的促进、协调与指导，提高国民素质成为时代所趋。于是，中国体育选择了走可持续发展的道路。特别是20世纪90年代以来，各国更加重视奥运成绩和排名，采取多种措施强化国家对竞技体育的管理和支持，包括强化政府和体育管理部门对竞技体育的管理，从战略高度发展和调整项目布局等措施。排球作为单金项目，受到的重视程度大不如郎平时代。

在郎平和周苏红不同时代的经济背景之下，郎平的个人家庭经济条件很差，父亲热爱体育，也是个体育迷，只要有机会他就带着女儿到自己家附近的北京工人体育馆去看比赛，父亲对体育的酷爱影响着郎平。在郎平少年时代的记忆里，排球给她留下了美好的印象。受到父亲的影响和父母的支持，枯燥、乏味、艰苦的训练也未曾使她动摇过。周苏红父母常年在外，父母都是船工，对体育了解甚少。最开始对于周苏红进入体校练习排球，家人并不支持，还是希望她能安心读书，不想让她从事体育事业。

两人的家庭经济条件都不是很好，郎平的家庭是支持她的排球事业的，周苏红的家庭刚开始反对周苏红从事排球运动。但面对艰苦的训练，两个人都有超凡的意志和肯吃苦的精神以及对排球的热爱，从而坚持不懈，从未放弃，这与她们对排球的热爱是分不开的。

4.3.6 典型案例身体条件分析

4.3.6.1 典型案例身体选材特点分析

身体形态是指运动员身体特点的一项重要指标，是身体外表的特征，与排球运动员的身体运动能力和竞技能力有非常直接的联系。身体形态主要取决于身高和体重。身高和体重的各种比例，根据公式可以转换成其他指标来反映身体形态的特点。布罗卡指数和克托莱指数是反映身体形态常用的指标。身材匀称程度的重要反映指标之一是布罗卡指数，布罗卡指数＝身高(cm)－[100＋体重(kg)]；说明身体结实程度的指标之一是克托莱指数，克托莱指数＝体重/身高×1000，表示每1 cm的身高重量。克托莱指数数值越大，说明肌肉越发达，身体越结实。

郎平身高184 cm，高于高水平优秀女排运动员的平均身高，但不是最高身高；体重71 kg,低于高水平优秀女排运动员平均体重;郎平的身材匀称程度的布罗卡指数为13,比高水平优秀女排运动员的平均水高2.4;郎平的身体结实程度克托莱指数为385.9 g/cm,比高水平优秀女排运动员的平均水平低5.1 g/cm。从数据比较中发现,郎平在队时,在高水平优秀女排运动员中体型偏瘦、体重偏轻,且肌肉不是很发达。可见,在身体条件上,郎平不是最优秀的。

周苏红身高182 cm,与中国女排世界冠军的平均身高非常接近,仅高0.4 cm;体重75 kg,比高水平优秀女排运动员的平均体重高3 kg;周苏红的布罗卡指数为7,比高水平优秀女排运动员的平均水平低3.6;周苏红的克托莱指数为412.1 g/cm,比高水平优秀女排运动员的平均水平高21.1 g/cm。周苏红在高水平优秀女排运动员中的身体形态属于体型偏壮、体重偏高、肌肉比较发达的,但不是最优秀的。

从身体形态的指标来看,郎平的身体形态与周苏红的身体形态相差很大,两人的身体形态都不是最差的,也不是最优秀的。郎平的身体形态偏瘦,退役的年龄较早。周苏红的身体形态偏壮,肌肉结实程度较高,良好的体型是周苏红能保证较长最佳竞技阶段的身体保障。表4.21所列为郎平、周苏红的身体形态比较分析。

表4.29 郎平、周苏红的身体形态比较分析表

	身高/cm	体重/kg	布罗卡指数	克托莱指数/($g \cdot cm^{-1}$)
郎平	184	71	13	385.9
周苏红	182	75	7	412.1
平均	181.6	72.0	10.6	391.0
最高	197	75	23	424.4
最低	174	65	−1	345.7

排球中的扣、拦是排球比赛中的主要得分手段。因此,弹跳力是排球运动员最重要的身体素质之一,弹跳力对于提高排球运动的技术水平起着决定性的作用。摸高是反映排球运动员弹跳力的重要指标之一,现在排球网上争夺激烈,良好的弹跳力是保证优秀运动员取得最佳竞技成绩的保障。排球比赛中的来回球千变万化,这就要求运动员在场上能随机应变,有良好的迅速起动、快速变换身体方向和位置的能力,有高度的灵活性。这种围绕着准确处理人与球的正确关系而发挥作用的灵敏素质是排球运动员必须具备的重要素质。折返跑是反映排球运动员灵敏素质的重要方法之一。

从表 4.30 可以看到，郎平摸高 3.17 m，比平均水平高 0.04 m；周苏红摸高 3.13 m，与高水平优秀女排运动员的平均摸高水平相同。郎平和周苏红的摸高都低于最高水平。30 m 折返跑成绩，郎平成绩比平均水平要差，周苏红 30 m 折返跑的成绩优于平均水平。

表 4.30 郎平、周苏红的身体素质比较

	摸高/m	30 m 折返跑成绩
郎平	3.17	4″20
周苏红	3.13	4″15
平均	3.13	4″18
最高	3.26	4″35
最低	3.05	4″04

郎平的弹跳力要优于平均水平，但灵敏成绩不是很理想，可见郎平具有良好的弹跳力；周苏红的弹跳力与平均水平相同，灵敏性要稍高于平均水平。郎平和周苏红的身体素质特点不相同，身体素质水平不是最杰出的。结合身体形态指标来看，郎平属于体重较轻、弹跳较好的运动员；周苏红属于体型偏壮、力量较好、反应灵敏的运动员。周苏红和郎平的身体特点不同，身体形态和素质都存在不同点，身体素质也不是队内最好的选手，可见，这两位运动员取得举世瞩目的成绩与后天技战术的训练和比赛经验的积累是分不开的。

4.3.7 典型案例精神动力分析

女排精神是中国女排的历史遗产，是 20 世纪 80 年代中国女排夺得“五连冠”之后的经验总结。女排精神的基本内涵可概括为无私奉献精神、团结协作精神、艰苦创业精神和自强不息精神。女排精神很好地诠释了为国争光、无私奉献、科学求实、遵纪遵法、团结友好、坚强拼搏的中华体育精神。

女排精神曾被运动员们视为刻苦奋斗的标杆和座右铭，鼓舞着她们的士气和热情。更为关键的是，它因契合时代需要，不仅成为体育领域的品牌意志，更被强烈地升华为民族面貌的代名词，演化成指代社会文化的一种符号。它一直与女排的得失、沉浮联系在一起，并成为评价中国女排的最难以割舍的标准。

女排精神之所以备受推崇，最重要的是那种足以流芳百世的不畏强敌、奋力拼搏的精神，它远远比“五连冠”本身更能鼓舞国人。女排精神不仅成了中国体育的一面旗帜，更成为整个民族锐意进取、昂首前进的精神动力。20 世纪 80 年代，中国正处于改革开放的初期，打开国门的中国认识到自己与世界强国的差距。在这样的年代，中国女排获得了世界冠军，郎平也获得了自己的第一次世界冠军。在这样的时代背景下，中国女排的夺冠被赋予不同的、超越体育范畴的意义，那就是中国女排为国争光、顽强拼搏的女排精神。郎平和中国女排的“五连冠”辉煌孕育了影响一代人的女排精神，成为当时最浓墨重彩的时代符号，甚至引发了一场经久不息的振兴中华热潮。女排精神成为郎平获得世界冠军、为国争光的精神动力。

周苏红自 2001 年起，就是中国女子排球队的主力领军人物、核心领袖。经历过排球场上和生活中的磨难的周苏红，至今仍是中国女子排球队的精神领袖，是现在中国女排精神最好的诠释者。

郎平和周苏红取得世界冠军是中国女排精神的体现。郎平顽强拼搏、不畏艰难，带领老一代中国女排孕育了女排精神，激励着几代人；周苏红面对困难和压力，坚持在中国女排第一战线为国拼搏的女排精神，鼓舞着一代人。女排精神是郎平、周苏红取得竞技佳绩、获得社会尊重的重要保障。

4.3.8　典型案例年代体育制度分析

郎平所处的体育训练环境是三级人才培养网络和体系，即从基层单位到业余体校，再到重点业余体校、中心业余体校和专业运动队的，有广泛普及面的、层层衔接的业余训练三级人才培养网络和体系。20 世纪 60 年代，“三从一大”训练原则和“三不怕”“五过硬”作风，成为我国运动员长期克敌制胜的法宝。1972 年 4 月，国家体委要求各省运动队恢复正常训练。1972 年国家体委在北京召开了“全国三大球训练工作会议”，系统总结了我国开展排球运动 20 多年来的经验教训，明确了尽快赶上去的目标和方向，提出了新的技战术指导思想；提出了解决队伍青黄不接的问题，组织各种形式的集训大会战。

1976 年以后，国家根据我国的政治体制和经济体制提出了全国一盘棋的思想，政府通过行政计划手段的优势，以国家资源作为后盾，以后发优势为条件，形成以国家体委为中心的管理体制，以专业运动队为中心的训练体制和以全运会为中心的竞赛体制，实现了我国竞技体育跨越式的发展。

1978 年以后，国家把排球联赛分为甲、乙、丙三级，1980 年又取消了丙级联赛，改为乙级,在1976—1980年,国内比赛以青年和全国成年联赛为主。另外,国家队和各省市队参加的和国外球队的邀请赛和访问赛比较多,在比赛交流的同时提高了我国女排的实战经验。1981—1986年,我国的管理体制和竞赛体制沿袭以前的模式。1980年,国家体委在向国务院《关于加速提高体育运动技术水平的几个问题的请示报告》中提出了改革、完善训练体制,调整好一、二、三线队伍,按照优秀运动队、业余运动队和学校运动队这样的一线、二线、三线运动队伍来配制,逐步形成基础大、尖子尖、按比例发展、层层衔接的训练网。

综上所述,郎平是在三级人才培养体系中成长起来的。“文革”后,在恢复体育训练、举国体制的浪潮下,以奥运战略为目标的训练逐步走向高峰。

周苏红所处的年代是中国体育改革探索发展的时期。20世纪90年代以来,由于受市场经济的冲击,很多学校运动场地被挪作他用,独生子女增多,家长都怕孩子受苦受累而不愿使其参加运动训练,更严重的是各校在“升学率”指挥棒的驱使下,片面地把“智育”视为至高无上,因而课余运动训练呈日益萎缩状态。再从全国各省、市一级体工队来看,由于某些体委领导片面理解“奥运金牌战略”,认为抓集体项目经费支出多、花时长、收效小,因此很多省的一线队伍都已濒临解散。

1994年国家体委在北京老山召开会议,明确了“体制改革是刻不容缓的,全国排球界一定要借改革开放的大好时机,精诚团结,同心同德,共同奋斗,重振排球雄风”。1995年以赛制改革为先导,迈出了我国排球体制改革的第一步。中国排球协会先后出台了相应的法规性文件,以保证改革的顺利进行。

1996年,在天津召开的全国排球竞赛工作会议上,时任国家体委副主任袁伟民强调深化排球改革的时机已经成熟。经过两年的摸索后,排球改革有了实质性的进展,开始实行了国内外运动员转会。1996—1997年,中国排球协会推出第一个正式跨年度的主客场联赛,男女各8支队伍,在15个赛区举行,采用主客场双循环。

1997年成立了排球管理中心,开始了具有中国特色的中心指导下的协会制,既而国家体委改组为国家体育总局,下属各级省、市、县体育局。1999年国际排球实行每球得分制。国内排球联赛又开始以俱乐部的形式承办各项组织工作,并由各参赛俱乐部支付全部费用。逐步加快市场化和职业化改革进程,客观上提高了各俱乐部的积极性,充分发挥了主观能动性和竞争意识。

2000年以来,排球后备力量不断加强,队员收入和训练的积极性提高,参赛队伍增加,队员锻炼机会增多,积累了大赛的经验。2001年全国排球训练工作会议在北京召开，提出要“抓住机遇，深化改革，加快体制和机制的转化；坚持普及与提高相结合，大力开发、培养排球市场，扩大排球人口；充分发挥‘举国体制’的优势，加强优秀运动队和后备梯队建设；……重振中国排球雄风”。

2004年，袁伟民在全国体育局长会议上指出：“完善举国体制的核心是：形成有效机制，合理配置资源，兼顾多方利益，协调各方目标，调动多方面积极性，共同服务于竞技体育的国家目标。”明确了市场经济和举国体制协调发展的思想。竞赛办法不断改进，国内比赛尽最大可能与国际接轨，更加合理，调动了参赛队伍的积极性。参加国际邀请赛、精英赛、世界大奖赛以及一些国际对抗赛，在排球队伍减少和缺乏多强对抗的形势下，对国家队的锻炼起到了积极的作用，排球的社会关注度得到了较大的回升。

郎平和周苏红所处的虽是不同的时代，但相同的是她们都是在体育制度的共同关注和支持的背景下涌现出的中国女排的最具代表性的优秀运动员。

第五章 结论与建议

5.1 结 论

高水平优秀女排运动员成才的主要因子共包括 7 类，依次是：竞赛因子、运动员智能因子、运动训练因子、社会条件因子、身体选材因子、德育结构因子、管理因子。

高水平优秀女排运动员的排球启蒙年龄平均为 10.8 岁，退役年龄平均是 29.6 岁，退役的原因主要集中在运动竞技状态下降和伤病两方面。高水平优秀女排运动员的基础训练阶段平均年限为 3.94 年，提高训练阶段平均年限为 2.63 年，最佳竞技阶段的平均年限为 4.68 年，竞技保持阶段平均年限为 2.56 年。高水平优秀女排运动员训练过程中的提高训练阶段年限偏短。

高水平优秀女排运动员成长与培养的竞赛因子包括运动员比赛经历经验、运动员竞赛能力两方面。高水平优秀女排运动员均参加过排球世界三大赛事，比赛经验丰富；高水平优秀女排运动员的竞技状态要达到最佳及稳定，至少要经历 5.14 年、15 场的洲际以上比赛经历；高水平优秀女排运动员对比赛规律和比赛时机的把握能力较强。

高水平优秀女排运动员成长与培养的智能因子包括智力和知识能力两方面。良好的注意分配能力、注意转移能力和记忆能力是高水平优秀女排运动员成才的重要智力保障；高中以上的学历结构及丰富的体育专业知识是高水平优秀女排运动员成才的知识保障，高水平优秀女排运动员专业技能知识较好且重视成才后文化层次的提升。

高水平优秀女排运动员成长与培养的训练因子主要包括教练员素养、训练方法和手段、训练体制和训练环境因素。教练员的执教水平和人文素养对高水平优秀女排运动员影响较大；高水平优秀女排运动员的运动训练方法、运动训练手段较合理，运动训练环境较好。

高水平优秀女排运动员成长与培养的社会条件因子包括政治条件、经济条件、时代需求、体育制度四个因素，女排运动员的成才与其有着密切的联系。

高水平优秀女排运动员成长与培养的身体选材因子包括身体形态、运动素质、生理机能三个因素。高水平优秀女排运动员自身的身体选材总体较好，身体形态最好，其次是运动素质，生理机能相对前两者偏低。

高水平优秀女排运动员成长与培养的德育结构因子包括道德品质和心理品质。其中道德品质包括人际关系和体育道德品质两方面；心理品质包括性格类型和兴趣爱好程度两方面。高水平优秀女排运动员与教练员、同辈队友的关系较好，自身的体育道德修养好；高水平优秀女排运动员对排球运动的兴趣热爱程度高，性格类型以理智意志型为主。

高水平优秀女排运动员成长与培养的管理因子包括运动员预测与规划和运动员流动与调节。高水平优秀女排运动员认为国家对运动员的预测与规划合理程度相对较高，运动员的流动与调节的管理存在一定的不合理性。

改革开放初期，国家对排球的政治需求较大，三级人才培养体系、举国体制、奥运战略目标给郎平的训练提供了良好条件。郎平大赛经验丰富，当时世界强队相对较少，国内后备人才充足，社会条件促进了郎平的成长。郎平训练过程的年限与优秀运动员整体水平不存在显著性差异。郎平成长与成才的特征是：启蒙年龄晚，基础训练、提高训练和竞技保持阶段年限短；郎平身体形态一般，但弹跳力较好，丰富的比赛经验、对比赛的把握能力，以及女排精神的支持是郎平取得优异竞技成绩的保障；退役后文化水平的提升是郎平执教水平高和社会影响力大的关键。

21 世纪，国家对排球的政治需求相对较小，排球项目正处于改革时期，赛制、规则、体制都在进行改革，世界排球强队越来越多，国内后备人才匮乏。周苏红训练过程的年限与高水平优秀女排运动员整体水平存在显著性差异。周苏红成长与培养特征是：排球启蒙年龄早，基础训练和提高训练阶段年限高于平均水平，最佳竞技阶段年限最长。周苏红的身体条件中等，灵敏性较好。排球功底扎实、技术全面、运动经历和赛事经验丰富，以及面对困难不服输与顽强拼搏的精神是她取得竞技佳绩的关键。

5.2　建　议

高水平优秀女排运动员的成长与培养是一个系统的过程，在整个过程中要根据社会条件科学地安排训练过程和内容，着重培养运动员智能和德育结构，重视运动员参加大型比赛经验的积累，提高运动员把握比赛的能力并保证运动员的合理训练和有效规范的管理。

高水平优秀女排运动员的成长与培养要重视基础训练阶段和提高训练的规划，以保证基础阶段和提高训练阶段的训练年限，延长运动员的最佳竞技阶段。

高水平优秀女排运动员的成长与培养受教练员的影响较大，不仅体现在专业训练上，也体现在生活中。教练员不仅要有专业的执教水平，同时还要提升自身的人文素养。

必要的基础文化知识是运动员取得最佳竞技训练效果和比赛成绩的保障，运动员在队或退役时都要注意自身基础文化知识和专业知识的学习与深造，以免限制自身未来的竞技事业发展。

高水平优秀女排运动员的成才不仅需要先天的遗传条件，同时在获得一定身体条件的基础上，还需要重视生理机能的训练。坚韧不拔、勇于拼搏的女排精神是中国女排运动员应该继承和发扬的重要精神。

致　　谢

本研究是在导师葛春林教授的悉心指导下,由本人独立完成的。

感谢导师五年来用严谨治学的精神、精益求精的工作作风深深地感染着我,更激励着我。从本研究最初的拟题到撰写都沁浸着导师的心血。

感谢导师在我人生最关键与彷徨时为我打开了一扇门,让我终身铭记导师的恩情。虽历时仅五载,但师恩无穷期。这里请您接受我最诚挚的谢意!

感谢已故恩师周典明先生给予我人生的莫大帮助。

感谢田麦久教授、高峰教授、毛志雄教授、姚蕾教授、侯恩毅副教授、吴中量教授、黄辅周教授、高子琦副教授对本研究的选题、总体设计到全书定稿的诸方面都给予的具有真知灼见的指导。

感谢排球教研室孙平教授、尹洪满副教授对本研究给予的无私帮助。感谢排球教研室的所有老师,工作上的愉悦环境、同志间的相互关心及友爱让我能够身心愉悦地在完成本职工作的同时兼顾自己的研究,在这里向与我并肩作战的同志们表示感谢。

感谢中国矿业大学管理学院的安景文院长、彭宇教授和刘晓君老师,感谢国家体育总局训练处的盖洋对本研究的帮助。

感谢中国人民解放军八一体工大队的王洪福领队、范桂香教练、吴咏梅教练、崔咏梅教练,以及曾经与我一起训练的战友王丽娜、师妹宋妮娜、李颖、赵蕊蕊对本研究的问卷调查工作给予的大力帮助。

感谢所有曾经帮助过我的老师、同窗和我的学生。

感谢我的父母养育了我,感谢赵振东同志为我创造了坚固的后方支持,感谢赵松源小同志的健康成长,家人物质和精神的支持为我工作和研究的完成提供了保障。

最后,感谢北京体育大学研究生院的老师们对我的支持与帮助!

附　　件

附件 A　访谈提纲

您认为对高水平优秀女排运动员的成长与培养进行系统研究是否有意义？能否达到博士论文的研究高度？

1. 您认为对高水平优秀女排运动员的成长与培养研究应该从几方面入手？您建议的研究视角是什么？

2. 您认为如何界定高水平优秀女排运动员比较好？调查的对象要符合哪些条件？

3. 您认为影响高水平优秀女排运动员成长与培养的因素有哪些？为什么？

4. 您认为最能代表高水平优秀女排运动员的两名最佳女排运动员是谁？

5. 您对高水平优秀女排运动员的成长与培养有什么建议和看法？

附件 B “高水平优秀女排运动员成长与培养影响因子”维度调查表

尊敬的专家：

您好！

本人系北京体育大学博士生，正在进行“高水平优秀女排运动员成长与培养影响因子”的研究，恳切需要您对影响排球运动员成长与培养的影响因子进行筛选，请您在认为合适的选项下划“√”，每项只选一种程度。“修改意见”一栏可用于您对指标内容、名称的修改和补充。选项没有对错之分。此问卷为不记名问卷，所得数据仅作为论文研究使用，请您放心填写。谢谢！

博士研究生：袁芳

导　师：葛春林

2010 年 11 月 11 日

一级指标	二级指标	三级指标	重要程度			修改意见
			重要	一般	不重要	
运动训练和竞赛方面	选材	运动员的身体形态				
		运动员的运动素质				
		运动员的身体机能特点				
	训练	训练计划的组织与安排				
		教练员的素养				
		训练方法和手段				
	训练环境	运动的饮食营养				
		场地设施和器材				
		所在运动队的成绩水平				
	运动员的竞赛能力	运动员对比赛规律的把握能力				
		运动员的竞技能力				
		运动员对比赛机遇的把握能力				
		运动员对比赛的适应调整能力				
		运动员的即兴发挥能力				
	参加的比赛和对手的水平	运动员参加排球赛事的级别				
		运动员参加排球比赛的场次数量				
		运动员的排球比赛经验				
		竞争对手的运动水平和成绩				

一级指标	二级指标	三级指标	重要程度			修改意见
			重要	一般	不重要	
教育方面	知识水平	基础文化知识				
		体育理论知识				
		排球专业技能知识				
社会方面	社会环境（需求）	政治条件				
		经济条件				
		科技文化				
	时机	良好的机会				
		良好的机遇				
	家庭环境	运动员家庭经济基础				
		运动员家庭体育氛围				
		运动员居住地的排球氛围				
	人际关系	运动员与教练的关系				
		运动员与排球前辈的关系				
		运动员与队内领导的关系				
		运动员与同辈队友的关系				
运动心理方面	认知特点	对运动的感知能力				
		对运动的表象能力				
		记忆能力				
		思维能力				
	情感和意志	运动员的道德感				
		对排球魅力的感受				
		对排球比赛训练的热爱				
		运动员的意志品质				
	注意	注意的范围的大小				
		注意的稳定性				
		注意的分配能力				
		注意的转移能力				
	个性	运动员的兴趣类型				
		运动员的心理素质类型				
		运动员先天的气质类型				
		运动员后天养成的性格类型				

一级指标	二级指标	三级指标	重要程度			修改意见
			重要	一般	不重要	
管理方面	排球政策	排球体育制度				
		排球运动员的培养体制				
		排球的宣传和教育				
	运动员管理	运动员的考核与评价				
		运动员的预测与规划				
		运动员的流动与调节				

再次感谢您，祝您工作顺利！

附件C “高水平优秀女排运动员成长与培养影响因子”维度调查表

尊敬的专家：

您好！

本人系北京体育大学博士生，正在进行“高水平优秀女排运动员成长与培养影响因子”的研究，恳切需要您对影响排球运动员成长与培养的影响因子进行筛选，请您在认为合适的选项下划“√”，每项只选一种程度。“修改意见”一栏可用于您对指标内容、名称的修改和补充。选项没有对错之分。此问卷为不记名问卷，所得数据仅作为论文研究使用，请您放心填写。谢谢！

博士研究生：袁芳

导　师：葛春林

2010年11月26日

一级指标	二级指标	三级指标	重要程度			修改意见
			重要	一般	不重要	
运动训练和竞赛方面	选材	运动员的身体形态				
		运动员的运动素质				
		运动员的身体机能特点				
	训练	训练方法和手段				
		场地设施和器材				
	竞赛	运动员对比赛规律的把握能力				
		运动员的竞技能力				
		运动员对比赛机遇的把握能力				
		运动员参加排球赛事的级别				
		运动员参加排球比赛的场次数量				
		运动员的排球比赛经验				
社会方面	社会环境	政治背景(需求)				
		经济基础(需求)				
	时机	良好的机会				
		良好的机遇				
	人际关系	运动员与教练的关系				
		运动员与排球前辈的关系				

一级指标	二级指标	三级指标	重要程度			修改意见
			重要	一般	不重要	
教育方面	基础教育	基础文化知识				
	专业教育	排球专业技能知识				
运动心理方面	认知特点	记忆能力(感知)				
	情感和意志	运动员的道德感				
		对排球比赛训练的热爱				
	注意	注意的稳定性				
		注意的分配能力				
		注意的转移能力				
	个性	运动员的心理素质类型				
		运动员后天养成的性格类型				
管理方面	排球政策	排球体育制度				
		排球运动员的培养体制				
	运动员管理	运动员的考核与评价				
		运动员的预测与规划				
		运动员的流动与调节				

再次感谢您,祝您工作顺利!

附件D “高水平优秀女排运动员成长与培养影响因子”调查问卷

尊敬的运动员：

您好！

本人系北京体育大学博士生，正在进行“高水平优秀女排运动员成长与培养影响因子”的研究，问卷的选项没有对错之分，请您根据自己的经验选择适合的选项。问卷为不记名问卷，所得数据仅作为论文研究使用，请您放心填写。真诚地感谢您，祝您身体健康、万事如意！

博士研究生：袁芳

导　师：葛春林

2010年12月8日

填写说明：请您在认为合适的选项下划“√”，每项只选一种程度。谢谢您的合作！

题　项	很重要	重要	一般	不重要	很不重要
您认为运动员的身体形态对运动员成才重要吗？					
您认为运动员的运动素质对排球运动员成才重要吗？					
您认为运动员的生理机能对排球运动员成才重要吗？					
您认为教练员素养对排球运动员成才重要吗？					
您认为训练方法和手段对排球运动员成才重要吗？					
您认为训练条件对排球运动员成才重要吗？					
您认为把握比赛规律的能力对排球运动员成才重要吗？					
您认为把握比赛机遇的能力对排球运动员成才重要吗？					
您认为参加比赛的赛事级别对排球运动员成才重要吗？					
您认为参加比赛的场次数量对排球运动员成才重要吗？					
您认为比赛经验对排球运动员成才重要吗？					
您认为政治背景对排球运动员成才重要吗？					
您认为经济基础对排球运动员成才重要吗？					

题　项	很重要	重要	一般	不重要	很不重要
您认为良好的时代需求对排球运动员成才重要吗？					
您认为家庭体育氛围对排球运动员成才重要吗？					
您认为运动员与教练的关系对排球运动员成才重要吗？					
您认为运动员与前辈的关系对排球运动员成才重要吗？					
您认为运动员与同辈队友的关系对排球运动员成才重要吗？					
您认为记忆能力对排球运动员成才重要吗？					
您认为体育道德品质对排球运动员成才重要吗？					
您认为先天心理素质类型对排球运动员成才重要吗？					
您认为注意的稳定性、分配、转移能力对排球运动员成才重要吗？					
您认为对项目的热爱程度对排球运动员成才重要吗？					
您认为后天养成的性格类型对排球运动员成才重要吗？					
您认为排球体育制度对排球运动员成才重要吗？					
您认为排球运动员的训练体制对排球运动员成才重要吗？					
您认为运动员的考核与评价对排球运动员成才重要吗？					
您认为运动员的预测与规划对排球运动员成才重要吗？					
您认为运动员的流动与调节对排球运动员成才重要吗？					
您认为基础文化知识对排球运动员成才重要吗？					
您认为排球专业技能知识对排球运动员成才重要吗？					

再次感谢您，祝您事业有成！

附件 E “高水平优秀女排运动员成长历程中若干问题”调查问卷

尊敬的运动员：

您好！

为了探索高水平优秀女排运动员成长和成才的规律，总结优秀女排运动员成才的经验，特进行此次调查。您是中国培养出的优秀排球运动员，为中国排球事业做出了杰出的贡献，您的填答对我们的工作有重要的价值。本调查内容无对错之分，仅供研究使用，对您不会造成任何不利的影响。非常感谢您在百忙之中抽出宝贵时间来填写这份问卷！

博士研究生：袁 芳

导 师：葛春林

2010 年 12 月 21 日

注：问卷分为填空题和选择题，选择题分为多选题和单选题，多选题已在题项后注明，未注明的均为单选题，请您在合适的选项下划“√”，填空题请在横杠上填写。

一、个人情况

1. 您的身高是________cm，体重是________kg(运动巅峰时)。
2. 您的出生地是________省________市________县。
3. 您排球启蒙(第一次接触排球)的年龄是________岁。
4. 您进入业余体校训练时的年龄是______岁，入选省市青年队时的年龄是_______岁。
5. 您进入成年队时的年龄是_______岁，在全国甲级联赛打上主力时的年龄是________岁。
6. 您进入国家队时的年龄是_______岁，获得过____次世界冠军，年龄分别是_______岁。
7. 您正式退役时的年龄是________岁，影响您退役的原因是什么(可多选)：

A. 运动竞技状态下降,不能保持高水平　B. 伤病
C. 婚嫁　D. 为了以后的出路,尽早工作
E. 上学　F. 出国打球
G. 运动员管理与转会流动　H. 其他,请补充:________________

8. 您在取得最好成绩时的学历是________,现在的学历是________。

二、基本问题

9. 您在队时的**性格类型**属于:
A. 理智型　B. 情绪型
C. 意志型　D. 理智意志型

10. 您在队时的**运动素质水平**如何:
A. 非常好　B. 比较好　C. 一般
D. 不太好　E. 非常不好

11. 您对排球运动的**热爱**和**兴趣程度**是:
A. 非常大　B. 比较大　C. 一般
D. 兴趣不大　E. 完全没兴趣

12. 您对排球**产生兴趣的时间**是:
A. 从小就很有兴趣　B. 在正式参加业余训练之后
C. 在参加专业训练后　D. 取得成绩以后
F. 被教练认可以后　G. 退役以后

13. 您从事排球运动的**动机**是(可多选):
A. 为国争光,提高中国排球的水平
B. 自我实现的需要,展现自己的价值
C. 服从家长的意愿,实现家庭的愿望
D. 为以后生活打算,养家糊口
E. 升学
F. 羡慕优秀运动员的地位和收入
G. 对排球运动强烈的兴趣和爱好
H. 其他,请补充:________________

14. 您在取得排球运动最好成绩时,**与教练的关系**如何:

A. 非常好　　B. 比较好　　C. 一般

D. 不太好,仅是工作而已　　E. 很不好

15. 您认为**教练员**在您成长过程中起的**作用**:

A. 非常大　　B. 比较大　　C. 一般

D. 不太大　　E. 很不大

16. 您认为**教练员**对您的影响主要在哪些方面(可多选):

A. 如何做人　　B. 敬业精神　　C. 提高技战术水平

D. 如何面对困难　　E. 其他,请填写:________

17. 您在取得最好运动成绩时,**与同辈队友的关系**如何:

A. 非常好　　B. 比较好　　C. 一般

D. 不太好　　E. 非常不好

18. 您在取得最好运动成绩时,您的**职业道德感**如何:

A. 非常好　　B. 比较好　　C. 一般

D. 不太好　　E. 非常不好

19. 您在取得最好运动成绩时,您自己的**记忆能力**如何:

A. 非常好　　B. 比较好　　C. 一般

D. 不太好　　E. 非常不好

20. 您在取得最好运动成绩时,您自己**对比赛规律的把握能力**如何:

A. 非常好　　B. 比较好　　C. 一般

D. 不太好　　E.非常不好

21. 您在取得最好运动成绩时,您自己**对比赛机遇的把握能力**如何:

A. 非常好　　B. 比较好　　C. 一般

D. 不太好　　E. 非常不好

22. 您在取得最好运动成绩时,您自己场上**注意的分配能**力如何:

A. 非常好　　B. 比较好　　C. 一般

D. 不太好　　E. 非常不好

23. 您在取得最好运动成绩时,您自己场上**注意的转移能力**如何:

A. 非常好　　B. 比较好　　C. 一般

D. 不太好　　E. 非常不好

24. 您参加过的**排球赛事等级**包括哪些(可多选)：

A. 世界锦标赛　　B. 世界杯赛

C. 奥运会排球赛　　D. 其他,请补充：________

25. 根据您自己的成长经验,您认为排球运动员要经过____年或____次的洲际比赛以上级别的大赛锻炼才能真正成熟。

26. 在您取得最好运动成绩时,您所接受的**训练方法**如何：

A. 非常合理　　B. 比较合理　　C. 一般

D. 不太合理　　E. 很不合理

27. 在您取得最好运动成绩时,您所接受的**训练手段**如何：

A. 非常好　　B. 比较好　　C. 一般

D. 不太好　　E. 很不好

28. 在您取得最好运动成绩时,您所处的**训练环境**如何：

A. 非常好　　B. 比较好　　C. 一般

D. 不太好　　E. 很不好

29. 在您取得最好运动成绩时,**运动员的训练体制**如何：

A. 非常好　　B. 比较好　　C. 一般

D. 不太好　　E. 很不好

30. 在您取得最好运动成绩时,排球管理部门**对您的预测和规划**是否合理：

A. 非常合理　　B. 比较合理　　C. 一般

D. 不太合理　　E. 很不合理

31. 在您取得最好运动成绩时,排球管理部门**对运动员的流动与调节**是否合理：

A. 非常合理　　B. 比较合理　　C. 一般

D. 不太合理　　E. 很不合理

32. 在您取得最好运动成绩时,您的**排球专业技能知识**如何：

A. 非常好　　B. 比较好　　C. 一般

D. 不太好　　E. 很不好

再次感谢您在百忙之中填写此问卷,祝您工作顺利!

附件F　中国女排历届大赛成绩与队员名单表

年　份	大赛名称	排　名	队员名单
1981	排球世界杯赛	1	郎平、张容芳、陈亚琼、周晓兰、孙晋芳、陈招娣、曹慧英、杨希、梁艳、朱琳、张洁云、周鹿敏
1982	世界排球锦标赛	1	郎平、张容芳、陈亚琼、梁艳、孙晋芳、郑美珠、杨希、姜英、周晓兰、曹慧英、杨锡兰、陈招娣
1984	奥运会	1	郎平、张容芳、梁艳、杨晓君、杨锡兰、郑美珠、姜英、侯玉珠、周晓兰、朱琳、苏慧娟、李延军
1985	排球世界杯赛	1	郎平、侯玉珠、梁艳、杨晓君、杨锡兰、郑美珠、姜英、殷勤、林国清、李延军、苏慧娟、巫丹
1986	世界排球锦标赛	1	侯玉珠、姜英、梁艳、杨晓君、杨锡兰、郑美珠、殷勤、胡小凤、刘玮、李延军、苏慧娟、巫丹
1988	奥运会	3	侯玉珠、姜英、杨晓君、李月明、杨锡兰、巫丹、李国君、汪亚军、崔咏梅、赵红、苏慧娟、郑美珠
1989	排球世界杯赛	3	李国君、许新、李月明、赖亚文、苏慧娟、巫丹、何云舒、李桂芝、李云武、孙丽娟、毛武扬、周红
1990	世界排球锦标赛	2	郎平、李国君、李月明、赖亚文、苏慧娟、巫丹、何云舒、许新、苏立群、戚丽丽、毛武扬、周红
1991	排球世界杯赛	2	李国君、许新、李月明、赖亚文、马芳、巫丹、高林、陈凤琴、王怡、戚丽丽、苏慧娟、周红
1992	奥运会	7	主力：马芳、周红、孙月、高林、王怡、赖亚文 替补：李国君、陈凤琴、李月明、苏立群、苏慧娟、巫丹
1994	世界排球锦标赛	8	孙月、潘文莉、王怡、赖亚文、计丽平、崔咏梅、茅菊兰、殷茵、苏立群、戚丽丽、苏慧娟 、王子凌
	世界排球大奖赛	3	
1995	排球世界杯赛	3	孙月、李艳、赖亚文、王怡、何琦、崔咏梅、潘文莉、王丽娜、刘晓宁、诸韵颖、王子凌
	世界排球大奖赛	4	
1996	奥运会	2	孙月、李艳、赖亚文、王怡、吴咏梅、何琦、崔咏梅、潘文莉、王丽娜、刘晓宁、诸韵颖、王子凌
	世界排球大奖赛	4	
1998	世界排球锦标赛	2	孙月、李艳、吴永梅、赖亚文、李轶之、何琦、邱爱华、王子凌、王丽娜、殷茵、诸韵颖、崔咏梅
	世界排球大奖赛	4	

年　份	大赛名称	排　名	队员名单
1999	排球世界杯赛	5	孙月、王丽娜、殷茵、吴咏梅、陈静、何琦、诸韵颖、邱爱华、周苏红、林文珍、桂超然、李珊
	世界排球大奖赛	3	
2000	奥运会	5	孙月、王丽娜、殷茵、吴咏梅、陈静、何琦、诸韵颖、邱爱华、巫丹、李艳、桂超然、李珊
	世界排球大奖赛	4	
2001	世界排球大奖赛	2	冯坤、李珊、张娜、张越红、杨昊、刘亚男、张静、诸韵颖、周苏红、林汉英、温媛、陈静、吴咏梅、赵蕊蕊、白云、宋妮娜
	大冠军杯赛	1	
2002	世界排球锦标赛	4	杨昊、张静、张越红、李颖、赵蕊蕊、刘亚男、冯坤、周苏红、陈静、熊姿、宋妮娜、李珊
	世界排球大奖赛	2	
2003	排球世界杯赛	1	杨昊、王丽娜、赵蕊蕊、刘亚男、冯坤、周苏红、张娜、张越红、陈静、宋妮娜、李珊
	世界排球大奖赛	1	
2004	奥运会	1	杨昊、王丽娜、张越红、张娜、刘亚男、张平、冯坤、周苏红、赵蕊蕊、陈静、宋妮娜、李珊
	世界排球大奖赛	5	
2005	世界排球大奖赛	3	冯坤、薛明、张平、张娜、殷娜、杨昊、刘亚男、楚金玲、王一梅、马蕴雯、赵云、周苏红、罗瑜、王婷、王可可、赵蕊蕊、王琳、宋妮娜
	亚洲排球锦标赛	1	
2006	世界排球锦标赛	5	冯坤、薛明、张平、张娜、李娟、李珊、杨昊、刘亚男、楚金玲、王一梅、张越红、王琳、马蕴雯、周苏红、徐云丽、宋妮娜、赵蕊蕊、孙小清
	世界排球大奖赛	5	
2007	世界排球大奖赛	2	薛明、韩旭、张娜、李娟、魏秋月、张越红、杨昊、刘亚男、王一梅、马蕴雯、惠若琪、周苏红、徐云丽、张娴、陈瑶、宋妮娜、白云、孙小清
	亚洲排球锦标赛	2	
2008	奥运会	3	冯坤、薛明、李娟、魏秋月、张娜、李珊、杨昊、王一梅、刘亚男、张越红、马蕴雯、惠若琪、周苏红、徐云丽、赵燕妮、张娴、赵蕊蕊、宋妮娜、陈瑶

参考文献

[1] 田麦久. 运动训练学[M]. 北京:人民体育出版社,2000.

[2] 刘建和,高怀胜. 简论运动员的比赛能力[J]. 成都体育学院学报,2007,33(3):56-59.

[3] 王保成. 田径运动员比赛能力培养[J]. 田径,2001(10):24-25.

[4] 房永华. 刘翔成功对中国竞技田径运动发展的启示[D]. 北京:首都体育学院,2009.

[5] 罗超毅. 田径训练观念创新:关于训练量与训练强度的讨论[J]. 武汉体育学院学报,2007, 41 (2):1-5.

[6] 杨桦. 竞技体育与奥运备战重要问题的研究[M]. 北京:北京体育大学出版社,2006.

[7] 冯树勇. 刘翔带给我们的启示[J]. 田径,2003(9):1-6.

[8] Robert,J Sternberg: People's Conception of Intelligence[J]. Journal of Personality and Social Psychology,1981(4):41.

[9] 周志雄,王保成. 影响中国青少年田径运动员成长因素的研究[J]. 首都体育学院学报,2005,17(3):25-27.

[10] 荣敦国. 智力和非智力因素对若干运动训练竞赛活动的影响研究:以举重、游泳、乒乓球和射击为例[D]. 上海:上海体育学院,2009.

[11] 程勇民,赵聚奎. 中国羽毛球运动员的智力水平及其对成才过程的影响[J]. 体育科学,1999,19(5):229-230.

[12] 王嵘海,刘爱华. 试论智力因素对篮球运动的影响[J]. 山东师范大学学报(自然科学版),2003,18(4):111-113.

[13] 张禹. 排球运动员智力特征的研究[D]. 北京:北京体育大学,2005.

[14] 赵桂银,王正欧. 体育人才学[M]. 北京:人民体育出版社,1993.

[15] 李杰. 青少年运动员文化教学研究[J]. 武汉体育学院学报,2003,37(2):

181-182.
[16] 赵红心.影响青少年田径运动员训练积极性因素的研究[J].浙江体育科学，2006,28(3):65-68.
[17] 池建.论竞技体育与高等教育的结合[J].北京体育大学学报,2003,26(2):149-159.
[18] 张传义,毕务萍.现代篮球运动员的竞技能力特征[J].山东体育学院学报,2000,16(48):68-70.
[19] 黄金.中国优秀运动员文化教育发展对策研究[D].北京:北京体育大学,2002.
[20] 曹景伟."运动训练"定义及特点的理论探疑[J].山东聊城师范学院学报,1998(6):33.
[21] 闫洁.论加强竞技运动训练整体性研究的重要性[J].首都体育学院学报,2004,16(4):101-102,125.
[22] 王守恒,徐向军,王文生,等.北京市竞技体育教练员现状与发展战略的研究[J].首都体育学院学报,2004,16(3):91-94.
[23] 张忠秋,石磊,朱学雷,等.对中国高水平运动员实施奖励状况探讨[J].体育科学,1999,19(3):1-5.
[24] 房雪.影响中国青少年竞技体育后备力量的主要因素分析[J].首都体育学院学报,2005,17(4):49-61.
[25] 邱焕芬.现代竞技体育教练员应具备的素质[J].中国体育教练员,2002(1):40-41.
[26] 徐持.江苏省竞技排球教练员队伍现状分析与对策研究[J].南通航运职业技术学院学报,2003,2(3):9-11.
[27] 连瑞华,黄双喜,连道明.论优秀排球运动教练员应具备的素质与能力[J].体育科学研究,2006,10(4):52-55.
[28] 曲淑华.中国青少年田径运动训练研究[D].北京:北京体育大学,2006.
[29] 汪现义,林建.影响运动训练科学性的有关因素浅析[J].沿海企业与科技,2010(4):46-48.
[30] 田麦久,武福全.运动训练科学化探索[M].北京:人民体育出版社,1988.
[31] 彭杰.对中国优秀女排运动员成才过程中年龄特征的研究[J].上海体育学院学报,1993,17(4):17-25.

[32] 张志杰.青少年女排运动员成才若干问题探析[J].少年体育训练,2004(4):6-7.

[33] 孙正卫.对上海男排队员年龄、训练年限规律的研究[J].上海体育学院学报,1985,(3):7-12.

[34] Rutter, M L. Nature-nurture Integration: The Example of Anti-social Behavior[J]. American Psychologist, 1997,52(4):390-398.

[35] 闫万军,赵斌,魏明东. 运动技能的决定因素:遗传、系统训练与环境[J].广州体育学院学报,2007,27(1):39-43.

[36] 姜伟平. 湖南省优秀田径跳跃运动员特点及成才因素分析:以跳远、三级跳远为例[D].长沙:湖南师范大学,2009.

[37] 蒋叶飞,吴黎. 中国高水平击剑运动员成才规律分析[J].体育科技文献通报,2009,17(6):26-28.

[38] 马志和,徐宏伟,刘卓,等.论中国竞技体育后备人才培养体制的创新[J].体育科学,2004,24(6):56-59.

[39] 陈亮,王峥.对中国优秀青少年田径运动员成材状况的研究[J].安徽体育科技,2005,26(1):40-42.

[40] 周明华. 排球后备人才选拔与训练体制的比较研究[J].洛阳师范学院学报,2000,19(5):73-74.

[41] 王泽杰,杜治华,孟春雷.中外高校高水平排球运动员培养模式对比研究[J].山西师范大学体育学院学报,2008,23(4):99-101.

[42] 石磊. 辽宁省排球运动后备人才培养的现状分析及对策研究[D]. 长春:东北师范大学, 2005.

[43] 于爱军. 山东省竞技体育后备人才培养现状及发展模式的研究[D]. 上海:华东师范大学, 2006.

[44] 刘俊凯.中国优秀篮球运动员成才规律的初步研究[D].开封:河南大学,2002.

[45] 陈兰波. 中国优秀篮球运动员的成长与培养[D]. 苏州:苏州大学,2006.

[46] 张在宁,谭长青. 影响少年体操运动员成才的非训练因素[J].南京体育学院学报,1999,13(3):1-3.

[47] 周振平.中国女排30年历史回眸与展望[D]. 开封:河南大学,2007.

[48] 李军. 中国女子六人制竞技排球运动发展史的研究[D]. 苏州:苏州大

学,2007.

[49] 隗金水.运动员选材的选育结合理论实证研究[D].北京:北京体育大学,2003.

[50] 周军.我国社会化竞技体育后备人才培养模式初探[D].武汉:华中师范大学,2007.

[51] 黎禾.中国排球市场失效与市场规制:兼论中国排球产业的发展[J].北京体育大学学报,2004(3):303-305.

[52] 浦钧宗,高崇玄,冯炜权.优秀运动员机能评定手册[M].北京:人民体育出版社,1989.

[53] 谢燕群.运动员选材学[M].成都:四川教育出版社,1990.

[54] 宋卫平,等.国家男排运动员身体功能检查报告(1999 - 2002)[C].北京:国家体育总局运动医学研究所体育医院,2002.

[55] 金宗强.中国优秀排球运动员专项体能评价体系与诊断方法的研究[D].北京:北京体育大学,2004.

[56] 王朋涛.我国足球后备人才培养研究[D].南京:南京师范大学,2003.

[57] 潘迎旭.我国排球运动可持续发展各子系统间的互动关系及主要影响因素分析[J].北京体育大学学报,2004,27(8):137-139.

[58] 李安格,黄辅周.现代排球训练理论与实践[M].北京:人民体育出版社,1985.

[59] 陈小蓉.排球手册[M].成都:四川辞书出版社,1989.

[60] 葛春林,陈忠和.排球专项灵敏素质的研究现状及其训练方法[J].上海体育学院学报,1997,21(2):46-50.

[61] 丁英俊,阎华,张大超,等.我国历届十佳运动员成才背景透视[J].中国体育科技,2000,1(36):30-32.

[62] 张丽如.在女排弹跳力训练中运用模式训练的初步尝试[J].北京体育学院学报,1982(2):1-14.

[63] 石丹青,李玉华.青少年排球运动员科学选材的探讨[J].体育科技,2003,24(1):23-26.

[64] 刘弢.关于新形势下运动员德育教育之思考[J].安徽体育科技,2001(3):130-131.

[65] 彭亦冰.优秀运动员思想道德素质教育研究[D].长沙:湖南师范大学,2005.

[66] 中共中央马克思恩格斯列宁斯大林著作编译局.马克思恩格斯选集:第2卷[M].北京:人民出版社,1995.

[67] 涂永民.集体运动团队中人际关系影响因素[J].改革与开放,2010(5):176-177.

[68] 罗国杰. 中国伦理学百科全书[M]. 长春:吉林人民出版社,1993,620-621.

[69] 彭亦兵,彭小芸. 优秀运动员的体育德育应实现“八个结合”[J]. 当代教育论坛,2007(12):75-76.

[70] 周庆珍. 浅谈少年运动员体育道德品质形成和发展的特点[J]. 哈尔滨体育学院学报,1999,17(4):96-97.

[71] 杨明. 论个性心理特征与体育运动[J]. 广西政法管理干部学院学报,2000,15(4):76-77.

[72] 张锡金. 射击运动员个性心理特征研究[J]. 佛山科学技术学院学报(自然科学版),2006,24(3):75-77.

[73] 徐长川. 浅析个性心理对 100 米跑成绩的影响[J]. 沈阳师范学院学报(自然科学版),2002,20(2):139-141.

[74] 李洪生,李卫东. 试析排球运动员的心理素质[J]. 德州师范高等专科学校学报,1995,11(4):52-56.

[75] 国家体委. 中华人民共和国体育法规汇编(1993 - 1996):关于深化体育改革的决定[M]. 北京:新华出版社,1997.

[76] 罗普磷. 关于体育人才科学预测的初步探讨[J]. 西安体育学院学报,1994,11(3):33-36.

[77] 梁霞. 浅析人才管理中的人才规划[J]. 行政管理,2008(5):257-258.

[78] 武恩钧,赵国杰. 职业化进程中中国运动员流动的经济学研究[J]. 体育文化导刊,2006(1):63-64.

[79] 黄榜银. 影响中国运动员流动的因素分析[J]. 涪隆师范学院学报,2003(19):128-129.

[80] 苗磊. 中国排球联赛运动员流动现状与对策研究[D]. 广州:华南师范大学,2007.

[81] 崔清芬. 体育运动人才成才之道[J]. 武汉体育学院学报,1989(7):87-88.

[82] 钟秉枢. 论运动员是特殊的人[J]. 中国体育教练员,2004(1):13-15.

[83] 孙汉超. 运动训练管理学[M]. 北京:人民体育出版社,1995.

[84] 谭长清,卢晓鹏. 我国运动员科学选材现状及发展对策的研究[J]. 安徽体育科技,2002,23(1):23-25.

[85] 屈东华. 高水平排球运动员竞技能力诸因素特征之研究[J]. 北京体育大学学报,2003,26(1):132-134.

[86] 刘志敏.中日竞技体育的兴衰与两国运动训练体制的比较[J]. 体育与科学,2002,23(3):66-69.

[87] 李安格.中国女排沉浮录[J]. 中国体育科技,1995,2:30-32.

[88] 陈铁成,楮斌,钱娅艳.现阶段排球运动主要制胜因素内涵及有序组合研究[J]. 北京体育大学学报,2004,27(3):149-150.

[89] 袁伟民.发扬拼搏精神 重振排球雄风[J]. 中国排球,1995(2):4-8.

[90] 杨桦,孙淑惠,舒为平,等.坚持和进一步完善我国竞技体育举国体制的研究[J]. 北京体育大学学报,2004,27(5):6.

[91] 徐利.团结一心顽强拼搏 再创中国排球新的辉煌[J]. 中国排球,2006(3):5-7.

[92] 陈忠和.笑对人生:陈忠和自述[M].福州:海潮摄影艺术出版社,2004.

[93] 袁伟民.我的执教之道[M]. 北京:人民体育出版社,1988.

[94] 高健,王江云.现代排球战术发展趋势探略[J].中国排球,1999(6):44-45.

[95] 吴嘉毅.中国女排发展策略探析[J]. 安徽体育科技,2003,24(3):19-20.

[96] 王茂仕,盖洋.对我国职业排球俱乐部运动员若干问题的调查[J]. 广州体育学院学报, 2004,24(6):73-76.

[97] 游蕴琦,门华.对排球运动员体能指标若干问题探析[J]. 周口师范高等专科学校学报,2000, 17(5):88-90.

[98] 马金玉.排球运动的起源与演变:由中国对世界排球的贡献引发的思考[J]. 体育文化导刊,2006(9):55-56.

[99] 王鲁宁,史国生.我国优秀运动员文化教育模式的研究[J]. 南京体育学院学报,2000,14(4):135-138.

[100] 高雪峰.论优秀运动员文化教育体系的改造与重构[J]. 武汉体育学院学报,2000,34(3):11-15.

[101] 熊晓正. 体育科学学科发展现状与未来[M]. 北京:北京体育大学出版社,2000.

[102] 孙汉超.体育管理学教程[M]. 北京:人民体育出版社,1996.

[103] 李俊霞,金彤.我国职业排球改革进程及现状研究[J]. 科技信息,2006(7):383-384.

[104] 罗普磷,崔文惠,张彩琴,等.我国竞技体育人才交流现状的初步研究[J]. 西安体育学院学报,2000,17(3):12-14.

[105] 张培峰,王兴宇.对市场经济条件下体育人才流动问题的探讨[J]. 成都体育学院学报,2000,26(5):25-26.

[106] 张林.职业体育俱乐部运行机制[M]. 北京:人民体育出版社,2001.

[107] 张弘,赵曙明.人才流动探析[J]. 中国人力资源开发,2002(2):4-6.

[108] 李红艳,黄善球.我国竞技体育后备人才培养现状的研究[J]. 山东体育学院学报,2002,1(18):21-23.

[109] 申幼初.运动员的成才规律初探[J]. 贵州体育科技,1991(2):23-25.

[110] 曹灵,李明. 我国大中小学优秀体育后备人才一体化培养模式研究[J]. 南京体育学院学报, 2001,15(4):25-27.

[111] 陈兵.我国奥运选手成才训练过程的时间特征[J]. 北京体育大学学报,1994,17(5):69-75.

[112] 刘期坚.优秀运动员的成才之路:谈李文红的选材与训练[J]. 中国体育科技,1989,2(8):28-30.

[113] 王刚,陈鸣,单颖.我国优势项目优秀教练员成材过程的初步探讨[J]. 北京体育大学学报,2002,25(4):545-547.

[114] 赵翼虎. 我国竞技排球后备人才发展变化研究[D]. 南京:南京师范大学,2005.

[115] 赵玉亭,蒋志学,权德庆. 我国优秀运动员和后备人才交流方案的研究[J].体育科学,2000,20(2):4-6.

[116] 吴金元,任海. 我国“三大球”的滑坡与后备力量的培养[J].体育与科学,2001, 22(1):37-39,45.

[117] 吴澄清. 中国排球优秀运动队 15 年动态发展状况研究[J].体育与科学,2002, 23(5):36-38.

[118] 张兴林,葛春林,张建章. 我国男子排球后备力量调查及北京奥运战略分析[J].中国体育科技, 2005,41(4):87-89,97.

[119] 吴澄清,赵翼虎. 我国竞技排球运动二线队伍动态变化研究[J]. 中国体育科技, 2006,42(1):61-63.

[120] 陈亚仙. 江苏省竞技排球后备人才培养现状的分析与对策研究[D]. 苏州:苏州大学, 2002.

[121] 孙锋. 我国篮球运动人力资源培训现状及对策研究[D]. 苏州:苏州大

学，2003.

[122] 宋全征. 中国竞技体育人才开发[D]. 上海：上海体育学院，2002.

[123] 高雪峰. 我国体育系统人才资源开发战略研究[D]. 北京：北京体育大学，2007.

[124] 刘大海，赵文阁，王立男. 影响青少年田径运动员成长的若干因素探析[J]. 北京体育大学学报，2003，6：119-120，123.

[125] 袁淑萍. 山东省竞技排球队伍动态变化研究[D]. 南京：南京师范大学，2007.

[126] 张瑞通. 山东省高校高水平排球队建设的现状调查与对策研究[D]. 济南：山东师范大学，2007.

[127] 臧建成. 我国南方高校高水平排球运动队现状与发展对策研究[D]. 南昌：江西师范大学，2007.

[128] 杨再淮，俞继英. 论竞技体育后备人才资源与可持续发展[J]. 上海体育学院学报，2003，27(1)：4-7.

[129] 杨再淮，余询. 我国竞技体育后备人才市场与宏观调控机制[J]. 上海体育学院学报，2001，25(1)：8-12.

[130] 周战伟，吕莹，李国君，等. 探析排球后备人才的市场管理走向[J]. 体育科研，2002，23(4)：8-10.

[131] 王树金. 浅析我国竞技体育后备人才的培养[J]. 鞍山师范学院学报，2006，8(2)：80-82.

[132] 戴云鹏，李艳丽，优秀排球运动员竞技能力结构特征[J]. 保定师范高等专科学校学报，2000，17(2)：46-47.

[133] 虞重干. 排球运动[M]. 北京：人民教育出版社，1999.

[134] 中共中央马克思恩格斯列宁斯大林著作编译局. 马克思恩格斯选集：第 4 卷，2 版[M]. 北京：人民出版社，1995：532.

[135] 姚凯，吴文静，李名文，等. 基于因子分析探究大学生学习状况主要影响因素[J]. 咸宁学院学报，2008，28(6)：12-15.

[136] 李艳华，于津. 论运动员的德育过程[J]. 佳木斯大学社会科学学报，1999(2)：52.

[137] 排球精品课程团队. 排球[M]. 北京：北京体育大学出版社，2009.

[138] 国家体委政策法规司. 体育改革文件选(1992—1995)[M]. 北京：北京体育大学出版社，1995：106-107.

